FUNDAMENTOS DEL BUDISMO

FUNDAMENTOS DEL BUDISMO

POR HELENA ROERICH

SOCIEDAD AGNI YOGA HISPANA
2017

Sociedad Agni Yoga Hispana, Inc.
PO Box 9447, Caguas Puerto Rico 00726

Traducción al español
© 2008 Sociedad Agni Yoga Hispana, Inc.

Publicado 2008.
Reimprimido 2017.

Publicado originalmente como
Foundations of Buddhism by Helena Roerich. New York:
Agni Yoga Society, 1971.
© 1971 by Agni Yoga Society.

ISBN: 978-1-947619-20-3

PRÓLOGO

EL GRAN GAUTAMA le dio al mundo una Enseñanza completa de perfecta construcción de vida. Cualquier intento de convertir en dios a este revolucionario es un absurdo.

Anteriormente a Gautama hubo, por supuesto, toda una sucesión de aquellos que albergaron el bienestar común, mas sus enseñanzas se desmoronaron con el correr de los siglos. En consecuencia, la Enseñanza de Gautama debería ser aceptada como la primera enseñanza sobre las leyes de la materia y la evolución del mundo.

La comprensión contemporánea de la comunidad permite que exista un puente maravilloso desde Gautama Buda hasta la época presente. Nosotros no decimos esto para ensalzar, tampoco lo decimos para rebajar, sino como un hecho evidente e inmutable.

La ley del arrojo, la ley de la renuncia a la propiedad, la ley de la evaluación del trabajo, la ley de la dignidad de la personalidad humana - más allá de castas y distinciones exteriores, la ley del verdadero conocimiento, la ley del amor basado en el conocimiento de uno mismo, hace de los Mandamientos de los Maestros un arco iris continuado de júbilo de la humanidad.

Construyamos los fundamentos del Budismo en sus mandamientos manifiestos. La Enseñanza sencilla, que iguala en belleza al Cosmos, disipará cualquier sugerencia de idolatría, indigna del Gran Maestro de los hombres.

El conocimiento fue el sendero que señalaron todos los grandes Maestros. El conocimiento permitirá un acercamiento libre y vital a la gran Enseñanza, así como vitalmente real es la Materia misma.

Nosotros no introduciremos las últimas complejidades; nosotros hablaremos brevemente acerca de aquellos fundamentos que no pueden ser negados.

¡Alegría a todos los pueblos! ¡Alegría a todos aquellos que trabajan!

Estatua del Buda Gautama del siglo IV a.C. en la ciudad de Sarnath.

LOS FUNDAMENTOS DEL BUDISMO

CON LOS FUNDAMENTOS del Budismo, uno no puede detenerse en las complicaciones y ramificaciones posteriores a la muerte de Buda. Es importante saber que la idea de la purificación de la Enseñanza está siempre viva en la conciencia budista. Luego después de la muerte del Maestro, se celebró un concilio en Râjagriha y después otro en Vaiâlî y Patna, devolviéndole a la Enseñanza su simplicidad original.

Las escuelas principales del Budismo son: el Mahâyana (Tíbet, Mongolia, los calmucos, los burritas, China, Japón y el norte de la India) y el Hînayâna (Indo-China, Burma, Siam, Ceilán e India). Estas dos escuelas recuerdan igualmente bien las cualidades del Maestro.

Las cualidades de Buda son: Muni — el sabio, del clan de Sâkya; Sâkya Simha — Sâkya, el león; Bhagavat — el Bendito; Sâdhu — el Maestro; Jina — el Conquistador; el Soberano de la Ley Benevolente.

De belleza inusual es la venida del Rey en la imagen del mendicante. "Vayan, ustedes mendicantes, lleven la salvación y la benevolencia a la gente." En esta orden de Buda, en este término mendicante está contenido todo.

Al comprender la Enseñanza de Buda, uno se da cuenta de donde emana la afirmación de los budistas — "Buda es un hombre." Su Enseñanza de Vida está por encima de cualquier prejuicio. Para Él no existen los templos, mas existe un sitio para reunirse y una casa del conocimiento — en tibetano du-khang y tsug-lag-khang.

Buda disputa la concepción convencional de Dios. Buda niega la existencia de un alma eterna e inmutable. Buda entrega la Enseñanza para cada día. Buda lucha enérgicamente contra las posesiones. Buda luchó personalmente en contra del fanatismo de las castas y los privilegios de las clases. Buda afirmó el conocimiento confiable y experimentado, además del valor del trabajo. Buda ordenó el estudio de la vida en el Universo en toda su realidad. Buda colocó las bases de la comunidad, anticipó la victoria de la Comunidad Mundial.

Cientos de millones de devotos de Buda están esparcidos alrededor del Mundo y cada uno de ellos afirma: "Tomo refugio en el Buda, Tomo refugio en la Enseñaza, Tomo refugio en la Sangha."

LAS TRADICIONES ESCRITAS budistas y nuestras investigaciones contemporáneas han establecido una serie de detalles de la vida de Gautama Buda. Ciertos investigadores opinan que la muerte de Buda ocurrió en el año 483 A. C. De acuerdo a las crónicas singalesas, Buda vivió desde el año 621 hasta el año 543 A. C. Pero las crónicas chinas aseguran que Buda nació en el año 1024 A. C. La edad que se le da al Maestro al momento de su muerte es cerca de ochenta años. El lugar de nacimiento del Maestro es conocido como Kapilavastu, localizada en las tierras bajas en el sur de Nepal (el Terai nepalés). El linaje real de los Sâkyas, a donde pertenece Gautama, es conocido.

Sin lugar a dudas todas las biografías del gran Maestro han sido adornadas grandemente por sus contemporáneos y seguidores, especialmente en los escritos más recientes, mas para poder conservar el color y el carácter de la época, debemos de referirnos, hasta cierto punto a la exposición tradicional.

. . . . .

De acuerdo a las tradiciones del siglo sexto A. C. El dominio de Kapilavastu existió en el norte de la India en las estribaciones de los Himalayas y estaba poblado por numerosas tribus de Sâkyas, descendientes de Ikshvâku de la raza solar de los Katriyas. Ellos estaban gobernados por el más viejo del clan quien vivía en la ciudad de Kapilavastu, de la que no queda ningún rastro; durante la vida de Buda, esta ciudad ya fue destruida por un hostil rey vecino. En aquel período, Suddhodana, el último descendiente directo de Ikshvâku, reinaba en Kapilavastu. De este rey y de la reina Maya nació el futuro gran Maestro, quien recibió el nombre de Siddartha, que significa — "El que cumple su designio."

A su nacimiento le precedieron profecías y visiones y el mismo acontecimiento, durante la luna llena de mayo, fue asistido con todas las señales propicias tanto en la tierra como en el cielo. Así, el gran Rishi Asita, que moraba en los Himalayas, al saber por los Devas que un Bodhisattva, el futuro Buda, había nacido en el Mundo de los hombres en el Parque Lumbinî y que daría la vuelta a la Rueda de la Doctrina, inmediatamente se puso en camino para rendir homenaje al futuro Maestro de los hombres. Al llegar al palacio del rey Suddhodana, expresó el deseo de ver al Bodhisattva recién nacido. El Rey ordenó que trajeran al niño para que el Rishi lo viera, pensando que éste lo iba a bendecir. Pero el Rishi al ver al niño, primero sonrió y después lloró. Con ansiedad el Rey le preguntó la razón de su aflicción y si es que él vio un mal augurio en su hijo. A esto el Rishi contestó que él no vio nada que perjudicara al niño. Él se había regocijado ya que el Bodhisattva lograría completa iluminación y se convertiría en un gran Buda; y él se había apesadumbrado porque a su vida ya no le quedaba mucho tiempo y no viviría para escuchar la prédica de la gran Doctrina.

La Reina Mâyâ, luego de dar a luz al gran Bodhisattva, falleció y su hermana Prajâpatî tomó al niño y lo crió. En la historia budista ella es conocida como la primera discípula femenina y la fundadora de una Sangha para las bhikshunîs.

. . . . .

Al quinto día, ciento ocho brahmines versados en los Vedas fueron invitados por el Rey Suddhodana a su palacio. Ellos iban a darle un nombre al Príncipe recién nacido y leer su destino por la posición de las luminarias. Ocho de los más versados dijeron: "Aquel que tiene señales como las que tiene el Príncipe se convertirá en Monarca Universal, Cakravartin, o, si él se retira del mundo, se convertirá en Buda y removerá el velo de la ignorancia de los ojos del mundo."

El octavo, el más joven, añadió, "El Príncipe abandonará el mundo luego de ver cuatro señales: un anciano, un enfermo, un cadáver y un monje anacoreta."

. . . . .

El Rey, deseando retener a su hijo y heredero, tomó todas las medidas y precauciones necesarias para asegurarse de que así fuera. Rodeó al Príncipe con todos los lujos y placeres que su poder real podía ofrecer. Existen muchos hechos que indican que el Príncipe Siddartha recibió una brillante educación, ya que un conocimiento como aquel era grandemente apreciado en aquellos días y de acuerdo al comentario en el Budacarita, escrito por Asvaghosha, la ciudad de Kapilavastu recibió su nombre en honor al gran Kapila — el fundador de la filosofía Sankhya.

Ecos de esta filosofía pueden ser encontrados en la Enseñanza del Bendito.

. . . . .

Para una convicción mayor, en el Canon, la narrativa acerca de esta lujosa vida en la corte de Suddodana, se registra las mismas palabras de Buda.

"Se me cuidó con mucha ternura, bhikshus, de modo supremo, de modo infinito. En el palacio de mi padre, se construyeron piscinas de loto, para mí, en un lugar para flores de loto azules, en otro para flores de loto blancas y en el de más allá para flores de loto rojas, florecidas para mí. Y, bhikshus, yo sólo usaba aceite de sándalo de Benarés. De Benarés era la tela de mis tres túnicas. Una sombrilla blanca era sostenida sobre mi cabeza día y noche para no tener ningún problema ni con el frío, ni con el calor, ni con el polvo, pajas o rocío. Yo vivía en tres palacios, bhikshus, en el uno durante el frío, en el otro durante el verano y en el tercero durante la estación lluviosa. Mientras estaba en el palacio de la estación lluviosa, estaba rodeado de músicos, cantantes y bailarinas y por cuatro meses no salía del palacio. Y, bhikshus, aunque en la casa de otros se le sirve a los sirvientes y esclavos arroz y sopa de arroz, en la casa de mi padre, no solamente se les daba arroz sino un plato con arroz y carne se les daba a los sirvientes y esclavos." [1]

Mas esta vida feliz y lujosa no podía apaciguar al gran espíritu. Y en las tradiciones más antiguas vemos que el despertar de la conciencia, ante el sufrimiento y miseria de los hombres y ante el problema de la existencia, ocurrió mucho más temprano que lo dicho en lo anteriormente escrito.

Así, el Anguttara-Nikâya, aparentemente en palabras

del mismo Buda, cita, "dotado de gran riqueza, criado con semejante exquisitez, le llegó el pensamiento — 'Verdaderamente, la ignorante persona mundana, supeditado a la vejez, sin ningún escape de ésta, se agobia cuando ve a otro envejecerse. Yo, también, estoy sujeto a envejecer y no puedo escapar de ello. Si Yo, que estoy sujeto a todo esto, veo a otro que está envejeciendo, agobiado, atormentado y enfermo, tampoco me voy a sentir bien.' [Lo mismo se repite respecto del enfermo y de la muerte.] Así que he reflexionado sobre ello, toda la euforia de la juventud desaparece."

. . . . .

Desde temprana edad el Bodhisattva mostró una compasión inusual y mente acuciosa hacia las condiciones que lo rodeaban. De acuerdo al Mahâvastu, el Bodhisattva fue llevado al parque por el Rey y sus asistentes. En esta versión Él ya era lo suficientemente crecido para caminar por su cuenta y fue a un pueblo de las afueras donde vio una serpiente y una rana puestas al descubierto por el arado. A la rana se la llevaron como alimento mientras que la serpiente fue tirada a un lado. Esto le causó una gran angustia al Bodhisattava. Él se llenó de un gran pesar; sintió una gran compasión. Entonces, deseando estar solo con sus pensamientos, se dirigió hacia un árbol de manzanas en un sitio aislado; allí, sentado en el suelo cubierto con hojas, empezó a reflexionar. Su padre, al no verlo, se puso ansioso. Él fue encontrado por uno de los cortesanos bajo la sombra del manzano, profundamente absorto en sus pensamientos.

. . . . .

En otro momento, Él vio a unos labriegos despeinados, con sus manos y sus pies desnudos, sus cuerpos mugrientos y bañados en sudor; y vio a los bueyes aguijoneados con puntas de hierro, sus lomos y los traseros chorreando sangre, jadeando, los corazones acelerados, quemados con sus yuntas, picados por moscas e insectos, cortados por el arado compartido, con heridas sangrantes y enconadas. Su tierno corazón se llenó de compasión.

"¿A quién le pertenecen ustedes?" Les preguntó a los labradores.

"Nosotros somos propiedad del Rey," respondieron ellos.

"Desde este momento ustedes ya no son esclavos, nunca más serán sirvientes. Vayan donde quieran ir y vivan felices."

Él también liberó a los bueyes y les dijo, "¡Váyanse! Desde hoy coman la hierba más dulce y tomen el agua más pura y que la brisa de los cuatro hemisferios los visite." Luego, viendo un árbol de bambú se sentó bajo su sombra y se puso a meditar fervorosamente.

. . . . .

Devadatta, viendo un ganso volando sobre su cabeza, le disparó y éste cayó en el jardín del Bodhisattva quien lo alzó, le sacó la flecha y le cubrió la herida. Devadatta envió un mensajero para reclamar el ave, mas el Bodhisattva se rehusó a entregarlo diciendo que éste no le pertenecía a quien había intentado quitarle su vida sino a Él, que se la salvó.

. . . . .

Cuando el Príncipe alcanzó los dieciséis años, de acuerdo con las costumbres de su país, tenía que escoger una esposa luego de ganar en el concurso de armas Svayamvara. La escogida fue la Princesa Yasodharâ del mismo clan Sâkya. Ella se convirtió en la madre de Râhula, quien después se hizo discípulo de su padre y alcanzó el grado de Arhat.

. . . . .

Mas, en cuanto a la felicidad personal, grandiosa como era, no pudo satisfacer el ardientemente esforzado espíritu del Bodhisattva. Su corazón continuó respondiendo a todo dolor humano y su mente, percibiendo la transitoriedad de todo lo que existe, no supo de descanso. Él deambuló por los salones de su palacio como un león alcanzado por un dardo envenenado y con dolor gemía, "¡El mundo está lleno de obscuridad e ignorancia; no hay nadie que sepa como curar las enfermedades de la existencia!"

Este estado de su espíritu está descrito simbólicamente en los cuatro encuentros predestinados, después de los cuales Él abandonó su reino buscando liberar al Mundo de su miseria.

En una antigua biografía en verso, luego del tercer encuentro, se destaca que sólo el Bodhisattva y su cochero vieron un cadáver llevado por el camino.

De acuerdo con este Sûtra el Príncipe estaba terminando su año veintinueve.

Un día el príncipe le dijo a Chandaka, su cochero, que Él quería conducir en el parque. Mientras lo hacía Él vio a un anciano y el cochero le explicó lo que era la vejez y como todos llegamos a ese estado. Profundamente impresionado, el Príncipe dio la vuelta y retornó a su hogar.

Después de un tiempo, mientras conducía, encontró un hombre enfermo jadeando sin aire, su cuerpo desfigurado, estremeciéndose, gimiendo de dolor y su cochero le dijo lo que era la enfermedad y como todos los hombres están supeditados a ella. Y nuevamente regresó al hogar. Todos los placeres parecían que se estaban desvaneciendo para Él y el júbilo de la vida se le hizo detestable.

En otro momento, se topó con una procesión con antorchas encendidas que llevaban una litera con algo envuelto en una sábana de lino; la mujer que iba junto a la procesión tenía su pelo desordenado y estaba sollozando de forma lastimera — era un cadáver y Chandaka le dijo que todos acabábamos así. Y el Príncipe exclamó: "¡O hombres mundanos! ¡Qué fatal tu ilusión! Inevitablemente tu cuerpo se volverá polvo, no obstante tú vives irresponsablemente, sin prestar atención." El cochero, al observar la profunda impresión que hicieron estos descubrimientos en el Príncipe, le dio vuelta a sus caballos y regresó a la ciudad.

Luego le sucedió otro incidente al Príncipe, lo que al parecer le dio la solución a su búsqueda. Cuando ellos pasaron por los palacios de la nobleza, una princesa

Sâkya vio al Príncipe desde el balcón de su palacio y lo saludó con una estrofa donde la palabra Nibutta (Nirvana) se repetía en cada línea:

"Feliz el padre que te engendró,

"Feliz la madre que te amamantó,

"Feliz la mujer que llama marido a este

Señor tan glorioso.

"Ella ha ido más allá del dolor."

Al escuchar la palabra Nibutta, el Príncipe se desanudó de su cuello un precioso collar de perlas y se lo envió a la princesa como recompensa por la instrucción que le dio. Él pensó:

"Felices son aquellos que han encontrado la liberación. Anhelando la tranquilidad del espíritu buscaré la bienaventuranza del Nirvâna."

En la misma noche Yasodharâ soñó que el Príncipe la estaba abandonando y despertándose le dijo de su sueño. "O, mi Señor, donde quieras que vayas, déjame ir contigo."

Y Él, pensando ir donde ya no había más dolor (Nirvâna) le respondió, "Que así sea, donde quiera que vaya, tú también podrás ir."

Luego del retorno de Buda, Yasodharâ, junto con su madre adoptiva, Prajâpatî, se convirtieron en las primeras discípulas femeninas.

. . . . .

Era de noche. El Príncipe no pudo encontrar paz en su lecho. Se levantó y se dirigió hacia el jardín. Se sentó debajo del gran árbol de bambú y se puso a pensar, reflexionando en la vida, en la muerte y en los males de la descomposición. Él concentró su mente, se liberó de la confusión y la perfecta tranquilidad vino hasta Él. En este estado se abrió su ojo mental y presenció una noble forma dotada de majestuosidad, calmada y solemne. "¿De dónde vienes y quién eres tú? Preguntó el Príncipe. "Yo soy un Sramana. Atribulado ante el pensamiento de la vejez, de la enfermedad y de la muerte. Me he ido de mi hogar para buscar el sendero de la salvación. Todas las cosas se descomponen aprisa; sólo la Verdad permanece por siempre. Todo cambia y no existe la permanencia; sin embargo las palabras de los Budas son inmutables."

Siddartha preguntó: "¿Se puede alcanzar la paz en este mundo de dolor? Me siento anonadado con el vacío del placer y ya me he hastiado de la lujuria. Todo me agobia y hasta la misma existencia se me ha vuelto intolerable."

El Sramana contestó: "Donde hay calor, existe la posibilidad de frío. Las criaturas sujetas al dolor poseen la facultad del placer. El origen del mal indica que el bien puede ser desarrollado. Para estas cosas existe su correlativo. Así, donde hay mucho sufrimiento habrá mucha dicha si tú solo abres los ojos para contemplarla. Así como un hombre que ha caído en un montón de suciedad debería buscar el estanque más cercano cubierto con lotos, precisamente busca tú el gran lago inmortal del

Nirvâna para limpiar las impurezas del pecado. Si no se busca el lago, la culpa no es del lago, así también, cuando existe un camino Bendito que conduce al hombre atado al pecado hacia la salvación del Nirvâna, si éste camino no es pisado, no es culpa del camino, sino del hombre. Y cuando un hombre cargado con enfermedades no se beneficia de la ayuda del médico que lo puede sanar, no es culpa del médico; entonces, cuando un hombre agobiado por el padecimiento de sus equivocaciones no busca la guía espiritual de la iluminación, la culpa no es de la guía destructora del pecado."

El Príncipe escuchó las sabias palabras y dijo: "Yo sé que lograré mi propósito, mas mi padre me dice que todavía estoy muy joven, que mi pulso late muy lleno para llevar la vida de un Sramana."

La venerable forma replicó: "Tú deberías saber que para buscar la Verdad todo tiempo es oportuno."

Un estremecimiento de júbilo traspasó el corazón de Siddhârta. "Ahora es el momento de buscar la Verdad. Ahora es el momento de cortar todas las ataduras que me impiden de obtener la iluminación perfecta."

El celestial mensajero escuchó la resolución de Siddhârta aprobándola: "Ve, Siddhârta y cumple tu propósito ya que Tú eres un Bodhisattva, el Buda elegido; Tú estás destinado a iluminar el Mundo. Tú eres el Tathâgata, Aquel que es Perfecto, ya que todo Tú lo cumplirás con rectitud y porque eres Dharma-râja, el Rey de la Verdad. Tú eres Bhagavat, El Bendito porque fuiste convocado a convertirte en el Salvador y Redentor del Mundo.

"Tú cumples a cabalidad la perfección de la Verdad.

Aunque el rayo descienda sobre tu cabeza, nunca cedas a los encantos y atracciones que seducen al hombre y lo apartan del camino de la Verdad. Así como el sol sigue su propio curso en todas las estaciones sin buscar otro camino, así mismo, si Tú no abandonas el sendero directo hacia la justicia, te convertirás en Buda.

"Persevera en Tu búsqueda y encontrarás aquello que estás buscando. Persigue tu objetivo de manera determinada y lo conquistarás. Sobre Ti están las bendiciones de todas las deidades, de todo aquello que busca la Luz y la sabiduría celestial guiará Tus pasos. Tú serás el Buda, Tú iluminarás el Mundo y salvarás a la humanidad de la perdición."

Habiendo hablado así, la visión desapareció y el alma de Siddhârta estaba en éxtasis. Él se dijo a sí mismo: "He despertado a la Verdad y estoy resuelto a cumplir mi propósito. Cortaré todas las ataduras que me sujetan al Mundo y saldré de mi hogar en búsqueda del sendero de la salvación. Verdaderamente, Yo me convertiré en Buda."

El Príncipe retornó al palacio para despedirse y mirar por última vez a quienes amaba más que nada en la Tierra. Se dirigió a la morada de la madre de Râhula y abrió la puerta de la recámara de Yasôdhara. Allí ardía una lámpara de aceite perfumado. Sobre la cama esparcida con jazmín, dormía Yasôdhara, la madre de Râhula, con su mano sobre la cabeza de su hijo. Parado en el umbral de la puerta, el Bodhisattva los contempló y su corazón se entristeció. El dolor lo golpeó duramente. Mas nada iba a hacer que se arrepintiera de su resolución y con un corazón valeroso suprimió sus sentimientos y se marchó de allí. Montó su corcel Kanthaka y se dirigió hacia las puertas del castillo que estaban abiertas y se marchó en el silencio de la noche acompañado de su fiel cochero Chandaka. Así, Siddhârta, el Príncipe, renunció a los placeres mundanos, abdicó a su corona, cortó todas las ataduras y partió como un hombre que no tiene un hogar. [2], [3]

Hasta ahora, cuatro lugares en la India han atraído las peregrinaciones de los devotos de la Enseñanza del Bendito Buda. Su lugar de nacimiento, Kapilavastu, que fue una ciudad situada al norte de la India, en las estribaciones de los Himalayas, donde empieza el río Gandak y que incluso fue destruida durante la vida de Buda. El lugar de Su iluminación, Buddhagayâ, donde se encontraba Uruvel, el siempre-mencionado bosquecillo, bajo cuya sombra Gautama unificó todos sus logros en iluminación. El lugar de su primer sermón, Sarnath (cerca de Benarés), donde, de acuerdo a la leyenda, Buda puso en movimiento la Rueda de la Ley, todavía muestra huellas de ruinas de comunidades muy antiguas. El lugar de su muerte — Kusinârâ (Nepal).

En las notas de viaje del chino Fa-Hsien (392-314 D. C.), quien visitó la India, encontramos una descripción del domino de Kapilavastu, así como otros lugares venerados.

A pesar de estos hechos, a pesar de las antiguas columnas del Rey Asôka, existen quienes quieren hacer de Buda un mito y separar sus elevadas Enseñanzas de su vida. El escritor francés Sernat, en un trabajo especial, afirma que Buda fue un mito solar. Mas aquí también, la ciencia ha restaurado la personalidad humana del Gran Maestro, Gautama Buda. La urna con fecha e inscripción, conteniendo parte de sus cenizas y de sus huesos, encontrada en Piprawa (El Terai nepalés), así como una urna histórica con algunas reliquias del Maestro, enterrada por el rey Kanishka y encontrada cerca de Peshawar, prueban definitivamente el testimonio de la muerte del primer Maestro de la Comunidad Mundial, Gautama Buda.

Uno no debería pensar que la vida de Gautama Buda fue vivida en medio de un reconocimiento universal y en paz. Por el contrario, existen indicios que Él fue calumniado y que tuvo toda clase de obstáculos, a través de los cuales el Maestro, como un verdadero luchador, se fortaleció y de esta manera aumentó la importancia de su logro. Muchos incidentes hablan de la hostilidad que encontró por parte de ascetas y brahmines, quienes lo odiaban. Los ascetas porque Buda reprobaba su fanatismo y los Brahmines por que Él rehusaba admitir sus derechos a los privilegios sociales y al conocimiento de la verdad sólo por haber nacido brahmín.

A los primeros, Él les dijo: "Si uno pudiera alcanzar la perfección y la liberación de los lazos que atan al hombre a la Tierra sólo por la renuncia a los alimentos y a las condiciones humanas, entonces los caballos o las vacas ya lo hubieran alcanzado desde hace mucho tiempo."

A los segundos: "De acuerdo con sus acciones el hombre se vuelve paria; de acuerdo con sus acciones el hombre se convierte en brahmín. El fuego encendido por un brahmín y el fuego encendido por un sûdra tienen llamas, luz y resplandor por igual. ¿Adónde los ha llevado el aislamiento? Para poder tener pan ustedes tienen que ir al mercado y allí ustedes le dan valor a las monedas de los sûdras. Su aislamiento puede ser llamado simplemente pillaje. Y sus sagrados implementos son meramente instrumentos de decepción.

"¿No son las posesiones del brahmín rico una profanación de la Ley Divina? Ustedes consideran el sur como luz y el norte como obscuridad. Llegará la hora cuando Yo venga a medianoche y su luz será extinguida. Hasta los pájaros vuelan al norte a tener sus crías. Incluso el ganso gris sabe del valor de las posesiones terrenales. Mas el brahmín trata de llenar su cinturón con oro y acumular sus tesoros bajo el umbral de su casa. Brahmín, tú llevas una vida despreciable y terminarás siendo digno de compasión. Tú serás el primero en ser visitado por la destrucción. Si Yo voy al norte, entonces regresaré desde allá." (Tomado de las tradiciones orales de la India.)

Existen casos establecidos cuando, luego de sus discursos, una gran cantidad de sus oyentes lo abandonaban y el Bendito decía: "La semilla se ha separado del cascaron; el resto de la comunidad, fuerte en sus convicciones, se ha establecido. Es bueno que los vanidosos se hayan marchado."

Recordemos el episodio cuando su discípulo más cercano, Devadatta, pensó en tirarle una piedra cuando el Maestro pasaba e incluso tuvo éxito hiriéndole un dedo del pie.

Recordemos el cruel destino que le deparó a su clan y a su familia a través de la venganza de un rey vecino. Las leyendas dicen que Buda, estando lejos de la ciudad con su bienamado Ânanda en el momento del ataque contra su país, sintió un fuerte dolor de cabeza y se recostó en el piso, cubriéndose con su túnica con el propósito de esconderse del único testigo del dolor que doblegaba su estoico corazón.

Tampoco fue eximido de dolores físicos. Se menciona con frecuencia que sufría de fuertes dolores en la espalda e incluso su muerte fue el resultado de comida envenenada. Todos estos detalles hacen de su imagen verdaderamente humana y muy cercana a nosotros.

LA PALABRA *BUDA* no es un nombre sino que señala el estado de una mente que ha alcanzado el punto más elevado de desarrollo; traducido literalmente significa el "Iluminado," o aquel que posee perfecta sabiduría y perfecto conocimiento.

De acuerdo a los Sutras Pâli, Buda nunca pretendió la omnisciencia que le fue atribuida por sus discípulos y seguidores: "Aquellos que te dijeron, Vaccha, que el Maestro Gautama conoce todo, ve todo y que es poseedor de poderes ilimitados de premonición y conocimiento y dicen, 'en movimiento o en inmovilidad, en vigilia o cuando duerme, siempre y en todo momento, la omnisciencia mora en mí,' aquellos no dicen lo que he dicho, ellos me acusan a pesar de la verdad." [4]

Los poderes poseídos por Buda no son milagrosos, ya que un milagro es una violación de las leyes de la naturaleza. El poder supremo de Buda coordina completamente con el orden eterno de las cosas. Sus habilidades súper humanas son milagrosas, en cuanto las actividades de un hombre deben parecerle milagrosas a seres inferiores. Para los abnegados héroes, para los luchadores por verdadero conocimiento es tan natural manifestar sus inusuales logros como es el volar para un pájaro o nadar para un pez.

De acuerdo a un texto, Buda "es sólo el más antiguo de los hombres, difiriendo de ellos no más que un pollito difiere de los otros pollitos de la misma gallina." El saber lo elevó a un orden diferente de seres porque el principio de diferenciación yace en la profundidad de la conciencia.

La humanidad de Gautama Buda está especialmente subrayada en los escritos más antiguos, donde se encuentra la siguiente expresión, "Gautama Buda, el más perfecto de los bípedos."

Los Sutras Pâli contienen muchas definiciones vívidas de las cualidades superiores de Gautama, el Maestro, que señalaron el camino. Mencionaré algunas de ellas: "Él es el líder de la caravana, el fundador, el maestro, el incomparable instructor del hombre. La humanidad estaba rodando como rueda de carreta en camino a su destrucción, perdida sin guía y sin protector. Él señaló el sendero correcto. Él es el Señor de la Rueda de la Benevolente Ley. Él es el León de la Ley." [5]

"Él es un médico maravilloso; cura por medios compasivos a personas peligrosamente enfermas." [6]

"El venerable Gautama es un labrador. Su campo es la inmortalidad." [7]

"Él es la Luz del Mundo. Él es quien lo levanta a uno de la Tierra. Él es el que quita el velo que está oculto. Él es el que lleva la antorcha en la obscuridad para que aquellos que tengan ojos vean; así Gautama iluminó su Enseñanza desde todos los lados."

"Él es el liberador. Él libera porque él mismo ha sido liberado." Su perfección moral y espiritual testifica de la Verdad de Su Enseñanza y el poder de su influencia sobre aquellos que lo rodeaban descansaba en el ejemplo de Su trabajo personal.

Escritos antiguos siempre enfatizan la aplicabilidad

vital de Su Enseñanza. Gautama no evitó la vida, sino que tomó parte en la vida diaria de los trabajadores. Él trató de dirigirlos hacia la Enseñanza, les ofreció participación en Sus comunidades, aceptó sus invitaciones y no temió visitar a los cortesanos y râjas, los dos centros de la vida social en las ciudades de la India. Él trató de no ofender innecesariamente las costumbres tradicionales; adicionalmente Él buscó la posibilidad de darles a ellos Su Enseñanza, encontrando apoyo para esta causa en una tradición especialmente venerada que no estaba en conflicto con los principios básicos.

En su Enseñanza no había abstracciones. Él nunca opuso el ideal de la vida mística y trascendental a la realidad existente. Él destacó la realidad de todas las cosas existentes y condiciones del momento actual. Y así como sus actividades y pensamientos estuvieron relacionados con las circunstancias de la vida, Él trazó los contenidos de sus charlas y parábolas de la vida diaria, usando las imágenes y comparaciones más simples.

Empezando desde el concepto paralelo entre la naturaleza y la vida humana, los pensadores hindúes creen que las manifestaciones de la naturaleza pueden explicarnos muchas cosas de las manifestaciones de la vida Usando este método, Buda, afortunadamente para Su doctrina, retuvo la experiencia de esta antigua tradición. "Les enseñaré por comparación, ya que la gente racional entiende por este medio" — esa fue la fórmula usual de Buda. Y esta simple y vital estrategia le prestó a su Enseñanza vivacidad y convicción.

Su influencia sobre la gente estuvo en proporción a

la fe que se tenía a sí mismo, en su poder y en su misión. Él siempre se adaptaba a la situación de cada pupilo u oyente, dándoles a ellos lo que más necesitaban, de acuerdo a su comprensión. Él no cargaba a los discípulos ni a sus oyentes que no estaban preparados para absorber lo más elevado de la Enseñanza con intrincados procesos intelectuales. Tampoco alentaba a aquellos que buscaban conocimiento abstracto, sin que primero aplicaran en la vida su altamente ética Enseñanza. Una vez, cuando uno de estos interrogadores, llamado Mâluñkya, le preguntó al Bendito acerca del origen de todas las cosas, el Bendito permaneció en silencio ya que Él consideraba que la tarea más importante yace en la afirmación de la realidad que nos rodea; esto significa ver las cosas como existen alrededor nuestro y primero tratar de perfeccionarlas, impulsarlas a que evolucionen y no desperdiciar el tiempo con especulaciones intelectuales.

Ciertamente que su conocimiento no estaba limitado a su Doctrina, mas la cautela impulsada por una gran sabiduría lo volvía reacio a divulgar conceptos que si se entendían de forma incorrecta, podrían haber sido desastrosos.

Una vez el Bendito pernoctaba en Kausâmbî en el bosque de Simsapâ. Y el Bendito tomando con sus manos unas pocas hojas del Simsapâ, les dijo a sus discípulos, "¿Qué piensan ustedes, discípulos míos, donde hay más hojas, en este puñado que tengo en mis manos o las que quedan en la arboleda?

"Las hojas que el Bendito sostiene en sus manos son pocas; muchas más hay en el bosque de Simsapâ.

"De la misma manera, discípulos, lo que he percibido y no he comunicado es mucho más de lo que no les he dicho a ustedes. ¿Y, por qué, O discípulos, no se los he revelado a ustedes? Porque no sería beneficioso para ustedes, porque no contribuye a una vida mejor, porque no lleva a hastiarse del mundo, ni a la aniquilación total de la lujuria, ni a que cese lo transitorio, no conduce a la paz, tampoco al conocimiento superior, ni al despertar o al Nirvâna. Esta es la razón por la que no se los he comunicado. "¿Y qué sí les he comunicado? Lo que es el sufrimiento, la fuente del sufrimiento, la cesación del sufrimiento y el sendero que conduce a la cesación del sufrimiento."

Así de individual y práctica era su Enseñanza en cada caso separado por lo que se estableció la tradición de tres círculos de Enseñanza: para los escogidos, para los miembros de la Sangha y para el resto.

Al crear su Sangha, Buda luchó para crear las mejores condiciones para aquellos que se habían determinado firmemente en trabajar para la expansión de su conciencia para la obtención del conocimiento superior. Luego Él los enviaba como instructores de vida, como heraldos de una Comunidad Mundial.

Exigía a sus discípulos una constante disciplina de palabras, pensamientos y hechos sin los cuales no hay posibilidad de éxito en el sendero de la perfección, el que es casi inalcanzable para aquellos que se encuentran en medio de las usuales condiciones de vida, donde miles de circunstancias externas y obligaciones insignificantes desvían constantemente al buscador de su meta. Mas la vida entre la gente unida por la misma aspiración, con hábitos y pensamientos comunes, era de gran ayuda, ya que sin perdida de energía proporcionaba las posibilidades de desarrollarse en la ansiada dirección.

Buda, quien enseñó que en todo el Universo sólo existe lo correlativo; quien sabía que nada existe sin cooperación; quien entendía que el egoísta y el engreído no es capaz de construir porque, por derecho cósmico, éste estaría fuera de la corriente de la vida que lleva todo aquello que existe hacia la perfección — pacientemente plantaba las semillas, establecía las células básicas de la comunidad, previendo en el futuro distante la realización de la Gran Comunidad Mundial.

. . . . .

Dos reglas eran necesarias para ser admitido en la comunidad: completa renuncia a posesiones personales y pureza moral. Las otras reglas se relacionaban con una severa autodisciplina y obligaciones con la comunidad. Cualquiera que entrara en la comunidad pronunciaba la fórmula: "'Tomo refugio en el Buda, Tomo refugio en la Enseñanza, tomo refugio en la Sangha,' como los destructores de mi miedo." El primero con sus Enseñanzas, la segunda por su verdad inmutable y la tercera por su ejemplo de la gran ley expuesta por Buda.

La renuncia a la propiedad se demostraba a través de una vida austera. Además, la renuncia a la propiedad tenía que ser mostrada no tanto externamente como aceptada en la conciencia.

Una vez un discípulo le preguntó al Bendito, "¿Cómo

debería uno entender el cumplimiento del Canon respecto a la renuncia a la propiedad? Un discípulo renunció a todas las cosas mas su Maestro continuó amonestándolo por poseer. Otro permanecía rodeado de objetos mas esto no ameritaba amonestación."

"El sentido de posesión es medido no por objetos sino por pensamientos. Uno puede tener objetos y a pesar de eso no ser un poseedor."

Buda siempre aconsejaba poseer tan pocos objetos como fuera posible para no tener que dedicarles mucho tiempo.

Toda la vida de la comunidad estaba estrictamente disciplinada ya que los fundamentos de la Enseñanza de Buda constituían una autodisciplina de acero en orden de refrenar los sentimientos y pensamientos incontrolables y desarrollar una voluntad indomable. Sólo cuando el discípulo dominaba sus sentidos el Maestro elevaba levemente el velo y asignaba una tarea. Sólo después de eso el discípulo era admitido gradualmente en las profundidades del conocimiento. De esos hombres, disciplinados y entrenados por una renunciación austera a todo lo personal y consecuentemente viriles e intrépidos, Gautama deseaba crear trabajadores para el bienestar común, creadores de la conciencia de la gente y precursores de la Comunidad Mundial.

El valor fue cementado en el fundamento de todos los logros en la Enseñanza de Gautama. "No existe verdadera compasión sin valor; no se puede lograr autodisciplina sin valor; paciencia es valor; uno no podrá penetrar en las profundidades del verdadero conocimiento y adquirir la sabiduría de un Arhat sin valor." Gautama exigía a sus discípulos la aniquilación total de cualquier sensación de miedo. Se ordenó intrepidez de pensamiento, intrepidez de acción. El mismo apelativo de Gautama Buda, "León," y su personal convocatoria a caminar a través de todos los obstáculos como rinocerontes o elefantes, muestran la profundidad de intrepidez ordenada por Él. Por consiguiente, la Enseñanza de Gautama podría llamarse, primero que todo, la Enseñanza de la Intrepidez.

"Nos llamamos Guerreros, O Discípulos,
 Porque nosotros vamos a la guerra.
"Nosotros declaramos la guerra por virtudes nobles,
 por elevados propósitos, por sublime sabiduría.
"En consecuencia nosotros somos llamados
 guerreros." [1]

DE ACUERDO A la tradición, el logro de la iluminación por Gautama estuvo marcado por la revelación de "las cadenas de causalidad" (Doce Nidânas). El problema que lo atormentó por muchos años se resolvió. Meditando de la causa al efecto, Gautama reveló la fuente del mal:

12) La existencia es dolor porque contiene vejez, muerte y miríadas de dolores.
11) Yo sufro porque he nacido.
10) Yo nazco porque pertenezco al mundo de la existencia.
9) Yo existo porque nutro a la existencia que está dentro de mí.
8) Yo nutro la existencia porque tengo deseos.
7) Yo tengo deseos porque tengo sensaciones.
6) Tengo sensaciones porque estoy en contacto con el mundo exterior.
5) Este contacto es producido por la acción de mis seis sentidos.
4) Mis sentidos se manifiestan porque siendo una personalidad me opongo a lo impersonal.
3) Yo soy una personalidad porque tengo una conciencia impregnada con la conciencia de esta personalidad.
2) Esta conciencia fue creada como consecuencia de mis previas existencias.
1) Estas existencias obscurecieron mi conciencia porque carezco de conocimiento.

Es costumbre enumerar esta fórmula de doce numerales en orden invertido:

1. *Avidyâ* (obscuridad, ignorancia).
2. *Samskâra* (karma).
3. *Vijñâna* (conciencia).
4. *Nâma-rûpa* (forma — lo sensual y lo no sensual).
5. *Shad-âyatana* (las seis bases trascendentales de los sentimientos, sensaciones).
6. *Sparsa* (contacto).
7. *Vedanâ* (sentimientos).
8. *Trishnâ* (sed, desear ardientemente).
9. *Upâdâna* (esfuerzos, apegos).
10. *Baba* (existencia).
11. *Jâti* (nacimiento).
12. *Jarâ* (vejez, muerte).

Así, la fuente primera y la causa de todo el sufrimiento humano yacen en la obscuridad e ignorancia. De aquí Gautama expide precisamente las definiciones y condenas a la ignorancia. Él afirmó que la ignorancia es el crimen más grande ya que ésta causa todo el sufrimiento humano apremiándonos a valorar aquello que es indigno de ser valorado; a sufrir donde no debería haber sufrimiento; a tomar la ilusión por la realidad; a pasar la vida persiguiendo aquello que es insignificante, desatendiendo lo que en realidad es lo más precioso: el conocimiento del misterio del destino y la existencia humana.

La luz que podría disipar esta obscuridad y otorgar

liberación del sufrimiento fue proclamada por Gautama como el conocimiento de las Cuatro Nobles Verdades:

1) El dolor de la existencia corporal, causado por una constante recurrencia de nacimientos y muertes.

2) La causa de estos sufrimientos yace en la ignorancia, en la búsqueda de auto-gratificación a través de posesiones terrenales las que arrastran detrás de ellas la perpetua repetición de una existencia imperfecta.

3) La cesación del sufrimiento yace en la consecución de un estado de iluminación todo-abarcador, creando así la posibilidad de una intercepción del círculo de la existencia terrenal.

4) El sendero de cesación de estos dolores consiste en un fortalecimiento gradual de los elementos necesarios a ser perfeccionados mediante la aniquilación de las causas de la existencia terrenal y en una aproximación a la Gran verdad.

El sendero a esta Verdad fue dividido por Gautama en ocho partes:
1. Correcto entendimiento (en lo que concierne a la ley de las causas.)
2. Correcto pensar.
3. Correcto hablar.
4. Correcta acción.
5. Correctos medios de vida.
6. Correcta labor.
7. Correcta vigilancia y auto-disciplina.
8. Correcta concentración.

El hombre que haya aplicado estos puntos en la vida estará liberado del dolor de la existencia terrenal la que es consecuencia de la ignorancia, del deseo y los anhelos. Cuando se alcance esta liberación se habrá llegado al Nirvâna.

¿Qué es el Nirvâna? "Nirvâna es la capacidad de contener todas las acciones, es el límite de toda-inclusividad. El estremecimiento de la iluminación atrae al verdadero conocimiento. La inactividad es sólo un signo exterior, no expresa la esencia de este estado." De acuerdo a nuestra comprensión contemporánea nosotros podríamos definir Nirvâna como el estado de perfección de todos los elementos y energías en un individuo, llevado hasta el límite de intensidad alcanzable en el presente ciclo cósmico.

Gautama Buda también señaló diez grandes obstáculos, llamados grilletes:

1. La ilusión de la personalidad.
2. Duda.
3. Superstición.
4. Pasiones físicas.
5. Odio.
6. Apego a la Tierra.
7. Deseo de disfrutar y descansar.
8. Orgullo.
9. Complacencia consigo mismo.
10. Ignorancia.

Para alcanzar el conocimiento superior es necesario liberarse de estos grilletes.

En el budismo están explicados hasta en los detalles más minúsculos las subdivisiones de los sentidos y los motivos del proceso intelectual como medio de desarrollo u obstáculo para la facilitación del auto-conocimiento a través del entrenamiento mental y el análisis de cada objeto en detalle. Siguiendo este método de auto-conocimiento el hombre finalmente alcanza el conocimiento de la realidad verdadera, ve la realidad como es. Este es el método aplicado por todo sabio instructor en el desarrollo de la mente del discípulo.

Al predicar las Cuatro Nobles Verdades y el Noble Sendero, Gautama condenó, por un lado, la mortificación del cuerpo practicada por los ascetas y, por otro lado, la permisividad — señalando el sendero de los ocho pasos como la manera de la armonización de los sentidos y del logro de las seis perfecciones del Arhat: compasión, moralidad, paciencia, valor, concentración y sabiduría.

Buda insistía a sus discípulos la realización del concepto de los dos extremos ya que la percepción de la Realidad es alcanzada sólo a través de la yuxtaposición de los dos extremos. Si el discípulo era incapaz de dominar esto, el Bendito no lo introducía a un conocimiento más profundo ya que esto no sólo hubiera sido inútil sino también dañino. La realización de este concepto era facilitado por la asimilación del principio de la relatividad. Buda afirmaba la relatividad de todo lo que existe, señalando los eternos cambios en la naturaleza y lo impermanente de todas las cosas en el fluir de la ilimitada existencia esforzándose eternamente hacia la perfección. Y la extensión de su adherencia hacia este principio de relatividad puede ser vista en la siguiente parábola:

"Supongan," dijo el Buda a sus seguidores un día, "supongan que un hombre que haya partido en un largo viaje se detiene ante una gran extensión de agua. La orilla más cercana esté asediada con peligros y riesgos, pero la más lejana, es segura y libre de peligros; no existe un bote con que cruzar la crecida, tampoco un puente que lleve a la otra orilla. Y supongan que este hombre se dice a sí mismo, 'Verdaderamente, este es una gran extensión de agua pero no hay nada con que cruzarla. Supongo que si yo recojo bejucos, ramas y hojas y de ellos hago una balsa y subido en ésta, remando con las manos y pies seguro que llego hasta la otra orilla.' Entonces supongan que este hombre hace lo que dice y construye una balsa, la lanza al agua y trabajando con sus manos y pies llega felizmente a la otra orilla.

"Y ahora, luego de cruzar y llegar a la otra orilla, supongan que el hombre dice, 'Ciertamente, esta balsa me ha servido muy bien ya que por medio de ella y trabajando con mis pies y manos crucé a esta otra orilla. Supongo que si levanto mi balsa y la coloco sobre mis hombros seguiré mi camino.'

¿"Qué piensan ustedes, discípulos? Al hacer esto, ¿estaría el hombre actuando correctamente respecto de su balsa?

Entonces, discípulos, este hombre debería decirse a sí mismo, 'Verdaderamente, esta balsa me ha servido ya que me apoyó al cruzar con seguridad remando con mis pies y manos hasta la otra orilla. Mas supongo que debo dejarla en el banco de arena y seguir mi viaje.' Así, este hombre estaría actuando correctamente respecto de la balsa.

"De la misma manera, discípulos, Yo les pongo mi Enseñanza ante ustedes en analogía con la balsa, diseñada como un medio de escape, no como una permanente posesión. Entiendan claramente esta analogía con la balsa: El Dharma es para dejarlo atrás cuando ustedes crucen hacia la orilla del Nirvana."

Aquí podemos ver la poca importancia de estar atado a ninguna cosa en este mundo de relatividad — Mâyâ. Todo, incluso la Enseñanza de un Perfectamente Iluminado, es meramente provisional, transitoria y de valor relativo. Esta parábola también destaca la necesidad de trabajar con manos y pies humanos. La Enseñanza sólo es efectiva si se aplica un esfuerzo personal.

. . . . .

Las comunidades de Buda le dieron refugio a las exigencias más variadas y de esta manera se rodearon de los más variados elementos. En el Milinda Pañha, encontramos lo siguiente: "¿Qué es lo que empuja a uno a unirse a la comunidad?" Preguntó una vez Milinda a su instructor budista Nâgasena. El sabio contestó que algunos se vuelven adherentes de la Sangha para escapar de la tiranía de algún gobernante; otros se unen para salvarse de los bandidos o están sobrecargados con deudas, pero también hay otros que simplemente desean tener su existencia asegurada.

Si algunos se unieron a la comunidad en busca de

privilegios sociales o materiales, más numerosos fueron los reformadores sociales, reunidos bajo el amplio refugio de las posibilidades, las que fueron ofrecidas por la Enseñanza de Buda en medio de la obscura realidad feudal de su era. En el Sutta Nipāta uno encuentra condenas severas del vigor social y la moralidad pública de aquella época.

La comunidad admitía a todos sin distinción de raza, casta o sexo y las búsquedas más variadas y las investigaciones de nuevas formas encontraron allí su satisfacción.

Las comunidades de Buda no eran monasterios y la admisión a ellos no era una iniciación. De acuerdo a las palabras del Maestro, únicamente la realización de la Enseñanza hacía del neófito un nuevo hombre y miembro de la comunidad.

En la comunidad existía igualdad completa de todos los miembros. Un miembro difería de otro por la fecha de su admisión. Para la elección del más Anciano la edad no era tomada en consideración. La antigüedad no era medida por las canas. Acerca de aquellos cuyo mérito residía sólo en su avanzada edad, se decía que aquella persona había "envejecido-en-vano." Mas "aquel es un anciano a través del cual habla la justicia, que conoce como ser amo de sí mismo, que es sabio." [8]

Buda no exigía vivir en una comunidad cerrada. Desde el principio, entre los discípulos hubo algunos quienes prefirieron la vida solitaria. De aquellos que se aislaban demasiado, Buda decía: "Una vida solitaria en la jungla es útil a aquel que la persigue, pero es de muy poca ayuda para el bienestar de los hombres."

Buda no deseó establecer muchas reglas. Él se esforzó para evitar la pedantería y la uniformidad en las regulaciones, así como la imposición de muchas prohibiciones. Todas las reglas estaban dirigidas hacia la completa protección y salvaguardia de la independencia del discípulo. El miembro de la comunidad estaba obligado a observar simplicidad y decencia, mas como no había ninguna preferencia espiritual respecto de cómo nutrirse o vestirse, el Buda dejaba cierta libertad a los discípulos. Instigados por Devadatta, algunos de los discípulos le pidieron a Buda establecer una disciplina más estricta para la comunidad y prohibir el uso de la carne y el pescado. Buda rehusó este pedido diciendo que cada uno era libre de aplicarse a sí mismo estas medidas mas no deberían ser impuestas como obligación para todos. La misma tolerancia era permitida con la ropa ya que era inadmisible que la libertad degenere en un privilegio para unos pocos. Confiado en la sabiduría del venerable Sona, el Bendito le dijo: "Sona, tú has sido criado con refinamiento, Yo te exijo usar zapatos con suelas." Sona entonces pidió que este permiso le sea extendido a todos los miembros de la Sangha a lo que el Bendito accedió inmediatamente. [9]

En el Vinaya nosotros vemos como todas las regulaciones establecidas en la comunidad por el Bendito siempre fueron instigadas por una necesidad vital. En el Vinaya hay un episodio conmovedor que resultó en una nueva regla para la Sangha.

Un día un bhikshu tuvo una enfermedad en los intestinos y yacía caído en sus propios excrementos. Cuando el Bendito, seguido por el venerable Ananda, pasaba por los dormitorios, llegó hasta la celda del bhikshu y lo vio en estas condiciones.

Y viéndolo, se le acercó,

"¿Qué te pasa, bhikshu, estás enfermo?"

"Tengo una enfermedad en los intestinos, Señor."

"¿Nadie te ha atendido, bhikshu?"

"No, Señor."

"¿Por qué no te han atendido los bhikshus?"

"Señor, porque no les soy de utilidad."

Inmediatamente el Bendito le pidió al venerable Ananda, "Anda y trae agua, bañemos a este bhikshu."

"Sí, Señor," le contestó el venerable Ananda al Bendito y trajo el agua. Entonces el Bendito vertió el agua mientras el venerable Ananda lo lavaba. Y el Bendito sosteniéndole de la cabeza y el venerable Ananda de los pies, lo levantaron y lo pusieron en la cama.

Entonces, en aquella ocasión y en relación con ese incidente, el Bendito llamó a una reunión de la Orden y les preguntó a los bhikshus, "Bhikshus, ¿está en tal cuarto un bhikshu que se puso enfermo?"

"Sí, Señor."

"Y, bhikshus, ¿cuál es el problema?

"Él tiene una enfermedad de los intestinos, Señor."

"¿Hay alguien cuidándolo, bhikshus?"

"No, Señor."

"¿Cuál es la razón por la que los bhikshus no lo atienden? Bhikshus, ustedes no tienen ni madres ni padres que los atiendan. Bhikshus, si ustedes no se atienden entre ustedes, ¿quién, ciertamente, los atenderá?

Cualquiera, bhikshus, que me atiende a Mí debería atender al enfermo.

"Si él tuviera un tutor, este preceptor debería de atenderlo hasta que se recobre y lo mismo si tuviera un instructor, o un condiscípulo del mismo Vihâra o un discípulo alojado con su instructor. Y si él no tuviera a nadie de los que he nombrado, entonces la Sangha lo debería atender; y aquel que no lo haga, es culpable de ofensa."

La aversión del Maestro a establecer numerosas y estáticas reglas, especialmente prohibiciones y el deseo de salvaguardar la vitalidad de la vida en comunidad, está expresado vívidamente en Su último mandamiento a su discípulo Ananda, "Confío en que la comunidad pueda alterar hasta la más pequeña y diminuta de las reglas."

Pero muchas almas débiles se sentirán más cómodas si sus obligaciones están estrictamente definidas; de aquí el origen de la multiplicidad de reglas y prohibiciones del budismo tardío. Es mucho más fácil someterse a las reglas, incluso bajo coacción que manifestar la consciente energía personal que el Maestro les pidió a sus discípulos. La comunidad se esforzó para no despojar a sus miembros de sus personalidades sino el unirlos en amistad y familiaridad con la única aspiración hacia el bienestar común. La comunidad no deseó nivelar las peculiaridades individuales; por el contrario, el Buda apreciaba toda evidencia de iniciativa, toda manifestación individual, ya que la Enseñanza sostiene que cada uno es su propio creador y liberador y que los esfuerzos personales son absolutamente necesarios para alcanzar esta meta superior. Así, la raíz individual tiene todas las posibilidades de desarrollo. "Evitar las riñas, afirmarse en su propia individualidad, no excluir a otros." Esto era aceptado como una regla en la comunidad.

El budismo le teme tan poco a las manifestaciones individuales que con frecuencia las palabras inspiradas de uno de los miembros de la comunidad eran aceptadas y se volvían parte del Canon junto con los mandamientos del Maestro.

Disciplina severa, la constante observación del pensamiento, de la palabra y los hechos, hacia de la comunidad una escuela, con tanto entrenamiento como en la escuela educacional. El Maestro, que consideraba al conocimiento como el único medio de escape de los grilletes terrenales y a la ignorancia, como el más atroz de los crímenes, ordenaba a todos transitar por el sendero del conocimiento.

Paralelo a la condena de la ignorancia, nosotros encontramos igualmente una rigurosa condena de la frivolidad.

"Los tontos, los ignorantes, ellos mismos son sus más grandes enemigos ya que ellos causan hechos malévolos que traen frutos amargos.

"Aunque un tonto sea el compañero de un sabio durante toda su vida, éste, sin embargo, permanecerá ignorante de la Verdad, como la cuchara lo es del sabor de la sopa.

"Larga es la noche del que observa, larga la milla del cansado. Larga es la ronda de vidas y muertes para los tontos que no conocen la Verdad." [8]

Con frecuencia, Él tomaba partido en la educación y

les pedía a los padres que enseñasen a sus hijos ciencias y artes y en consecuencia ayudarlos a ampliar su conciencia. De la misma manera, Él señalaba constantemente la necesidad vital de viajar. En ese sentido, Él veía un propósito realmente instructivo, ya que en los viajes se corta la rutina diaria, se desarrolla en la persona la movilidad, la ingeniosidad y la adaptabilidad — cualidades preparatorias indispensables en el proceso de expansión de la conciencia.

La Enseñaza de Gautama exige autenticidad, pero carece de dogmas que deban ser tomados en buena fe, debido a que el Maestro, afirmando el conocimiento en todas las cosas, vio que no había necesidad de usar la fe ciega para el desarrollo de la conciencia. "En consecuencia," decía Buda, "les he enseñado a creer no porque lo hayan escuchado, sino porque sólo sus conciencias lo han verificado y aceptado."

Hablando con un joven brahmín, el Buda señalaba cómo un digno y honorable discípulo alcanza la maestría de la Verdad: "Cuando, luego de una juiciosa consideración, el discípulo reconoce que un determinado hombre es completamente libre de la posibilidad de errar, él confía en este hombre. Se le acerca confiado, se vuelve su discípulo. Al haberse vuelto su discípulo, éste le abre sus oídos. Habiendo abierto sus oídos, el discípulo puede escuchar la Enseñanza. Habiendo escuchado la Enseñanza, él la retiene en su mente. Analiza el significado de las verdades que ha retenido. Medita sobre ellas, De aquí nace su carácter para decidir. Lo que haya decidido lo emprenderá. Él apreciará la importancia de lo emprendido. Al haber apreciado lo emprendido, aplicará todos sus esfuerzos. Al aplicar todos sus esfuerzos él se acercará a la Verdad. Al haber penetrado en las profundidades de la verdad, él verá. Sin embargo, todo esto no es sólo sino el reconocimiento de la verdad, no su posesión. Para poder dominarla completamente, uno tiene que aplicarla, nutrirla e incansablemente repetir este proceso psicológico." [4]

De este discurso se observa claramente lo libre que estaba el discípulo para discutir la Enseñanza entregada a él y que el conocimiento y maestría de la verdad sólo se obtiene con el empleo del esfuerzo propio.

. . . . .

La Enseñanza del Buda, como una Enseñanza de la Verdad, abarca a todas las grandes enseñanzas que le precedieron y de esta manera, acentuaba la verdad de estas, rechazaba la negación de éstas. Con el rechazo de la negación de éstas, la Enseñanza no se subordina a nadie. La realización del gran principio de cooperación abrió todos los caminos.

En las comunidades de Buda se permitía una renunciación personalmente realizada, mas la negación era comparada con la ignorancia. En las comunidades de Buda uno podía renunciar a consideraciones mezquinas, mas la negación equivalía a retirarse de la comunidad. Era costumbre nunca mencionar al que se marchaba — la comunidad tenía que vivir para el futuro. Además, el que partía retornaba con frecuencia; entonces, al retorno, nunca le seguía ninguna pregunta excepto una: "¿Ya no niegas?

Al inicio de la Enseñanza, la disciplina se refería principalmente a la purificación de todos los prejuicios y malas cualidades del corazón y de la mente. De acuerdo al progreso, el énfasis de la Enseñanza se transfería y concentraba en la expansión de la conciencia.

Es difícil para un hombre elevarse sin pasar a través de un ejercicio severo de purificación. "Si la ropa está sucia, no importa si se la tiñe de azul, amarillo, rojo, o lila, su color será desagradable y poco claro - ¿por qué? por la suciedad de la ropa. Si el corazón es impuro uno debe esperar el mismo resultado.

"Yo digo que no es suficiente llevar una túnica para considerarse que se está haciendo un esfuerzo. No es suficiente estar desnudo, cubierto con lodo, rociado de agua, sentarse bajo un árbol, vivir en soledad, permanecer en una posición, matarse de hambre, repetir mantras o torcerse el pelo." [4]

"Un hombre no es un mendicante simplemente porque se alimenta de la caridad de otros." [8] "Un hombre no es un asceta únicamente porque vive en la selva." [5] "Indigno de las vestiduras amarillas es aquel que las usa y es impuro y falaz en los hechos, es ignorante y no se ha dominado a sí mismo." [8]

"De las tres clases de acciones," dijo el Buda, "la más aborrecible no es la palabra, no es el acto físico, sino el pensamiento." [4] Desde el momento de la concepción de una decisión malvada, el hombre ya es culpable, ya sea que la ejecute o no.

"En todo, el primer elemento está en el pensamiento. El pensamiento es preponderante, todo es hecho mediante el pensamiento. Si un hombre habla o actúa con malvados pensamientos, el sufrimiento lo seguirá como las ruedas siguen los cascos de las bestias que jalan el carruaje.

"Si un hombre habla o actúa con un pensamiento correcto, la felicidad lo seguirá como su sombra.

"El enemigo le trabaja malignamente al enemigo, el aborrecedor al aborrecedor, pero peor es la maldad forjada por una mente erróneamente dirigida." [8]

El Maestro aconsejó que se vigilara la mente con especial insistencia ya que, si el discípulo, demasiado confiado de los resultados alcanzados por él, descuidara la vigilancia, él tendría que pagar muy caro por el descuido más insignificante. Este consejo fue dado en una parábola: "Un hombre fue herido con una flecha envenenada. El médico, luego de extraer la flecha, le aconsejó al herido que vigilara la herida con mucho cuidado. Mas el paciente imaginó que él ya nada tenía que temer. Al estar descuidada, la herida se infectó y causó la muerte del hombre con mucho dolor." [4]

"La vigilancia es el camino a la inmortalidad. La negligencia, el camino a la muerte. Aquellos que son vigilantes no mueren. Aquellos que son negligentes son como si estuvieran muertos.

"Aquellos que son inconstantes en pensamiento, ignorantes de la verdadera ley o vacilantes respecto de la seguridad en sí mismos, no tendrán una sabiduría abundante.

"Así como el arquero endereza su flecha, el sabio endereza su caprichosa e indecisa mente que es difícil de vigilar, difícil de guiar.

"Así como la lluvia se filtra por el techo desvencijado, así se filtran los deseos por una mente mal entrenada.

"Los grilletes grandes y pequeños de un bhikshu, quien se deleita en la vigilancia y se espanta ante la negligencia, se consumen en llamas. Él se mueve como el fuego." [8]

Señalando la locura, desde el punto de vista de la utilidad, de doblegarse ante las inclinaciones básicas, el Buda dijo: "La sensación por causa de la cual ustedes se humillan así mismos, pronto será sólo un recuerdo para ustedes, como el placer experimentado en un sueño. Mas aquello que permanece como un vivo y constante reproche es el acto ejecutado por este placer." [6]

"La moralidad es como una inflada bolsa de cuero, rómpela una vez y ya no servirá para nada. Asimismo, sucumbe una vez a inclinaciones viciosas y nada detendrá la precipitación de las pasiones. Y el hombre abandonado a su suerte perecerá irremediablemente."

Los irrigadores desvían el agua donde ellos desean; los arqueros le dan forma a las flechas; los carpinteros trabajan la madera a su antojo; los sabios ceden." [8]

Nosotros no encontramos diferencia entre los miembros de la comunidad — los líderes sociales, los casados, los célibes, hombres, mujeres — todos tenían la posibilidad de recibir la Verdad.

La admisión a la comunidad no era seguida por ningún voto. Aquel que llegaba traía con él sólo su buena disposición de servir a la Enseñanza. Mas cuando esta disposición desaparecía, nada lo ataba a permanecer en la comunidad. La renuncia a la comunidad era tan simple como ser admitido. Son numerosos los ejemplos de aquellos que abandonaban la comunidad y regresaban luego.

No se debería expulsar a un miembro de la comunidad meramente porque uno no está de acuerdo con él en la apreciación de su acto. La expulsión significaría liberar el torrente de ardientes palabras y la desunión en la comunidad. "Un miembro de la comunidad no repetirá lo que ha escuchado así como no desunirá a los otros, sino que los acercará, pronunciando únicamente palabras de paz." [1]

"El odio nunca fue destruido por el odio; únicamente la bondad le pone fin; esa es la eterna ley.

"Él abusó de mí, él me usó, él me avasalló, él me robó; en aquellos que abrigan semejantes pensamientos la ira nunca se aquieta.

"Si un hombre está preocupado con las faltas de otro y siempre está inclinado a ofenderse, crecerán sus propias pasiones y él estará lejos de la destrucción de las pasiones." [8]

"Existen algunos que no conocen la necesidad de controlarse a sí mismos; si ellos son pendencieros, podemos excusar su conducta. Mas aquellos que saben de las consecuencias deberían aprender a vivir en armonía.

"Si un hombre encuentra un amigo lleno de sabiduría quien vive correctamente y es constante en su carácter, él podría vivir con él, venciendo todos los peligros, feliz y atento. Mas... con tontos no hay posibilidad de compañía. Antes que vivir con hombres egoístas, vanos, que les gusta polemizar y obstinados, es mejor que el hombre camine solo." [9]

Influenciado por la meta-idoneidad en todas las cosas, el Buda no se esforzó en sistematizar su Enseñanza. Él deseaba que cada punto de su Enseñanza afectara tan poderosamente como fuera posible la voluntad de sus discípulos. Apuntando sólo al crecimiento y desarrollo de la conciencia, Él permitió la libertad de pensamiento y acción en todo lo demás. Buda deseó disciplina individual para cada uno.

"¿Cómo elegía el Buda discípulos para la realización del logro? Durante el trabajo, cuando la fatiga poseía a los discípulos, el Buda hacía las preguntas más inesperadas, esperando por una pronta respuesta.

"O colocando el objeto más simple ante ellos, Él sugería que lo describieran en no más de tres palabras o no menos de cien páginas. O colocando un pupilo ante una puerta sellada, le preguntaba, '¿Cómo la abrirías?'

"U ordenando a los músicos que tocaran bajo la ventana los hacía cantar himnos de contenidos completamente diferentes.

"O pasando delante de los estudiantes les preguntaba cuántas veces había pasado ya.

"O notando a una molestosa mosca le indicaba a sus estudiantes repetir palabras inesperadamente pronunciadas.

"O notando miedo a los animales o a los fenómenos naturales ponía a sus estudiantes en condición de dominarlos.

"Así templaba la hoja del espíritu el poderoso León." (Puesto por escrito de las enseñanzas orales del budismo hindú.)

Y uno no debería olvidar el pasatiempo favorito de Buda con sus discípulos mientras descansaban. El Maestro lanzaba al aire una palabra con el propósito que el estudiante construyera todo un pensamiento al respecto. No existe prueba más sabia para probar la condición de la conciencia.

El Buda, a través del conocimiento verdadero y la firme realización de cambio en todo lo que existe, templaba a sus estudiantes, armándolos con coraje, paciencia y compasión, entrenando verdaderos guerreros para el bienestar común.

Especialmente numerosos en los antiguos escritos están los ejemplos de un completo desprecio por aquello que hace la vida fácil y convencionalmente placentera.

La renunciación a todo lo personal proporciona aquella sensación de verdadera libertad; de la libertad nace el júbilo; del júbilo, la satisfacción, el sentido de tranquilidad y felicidad.

Buda encontró el camino a los corazones no a través de milagros sino por la enseñanza práctica de la perfección de la vida diaria y por su propio ejemplo de gran cooperación.

Y tan grande era su tolerancia y deseo por una cooperación cercana con la gente que él nunca habló en contra de los ritos y las creencias. "Muestra reverencia por tu creencia y nunca condenes las creencias de los otros." En todos los casos él no se preocupaba con las formas exteriores y sólo trataba de dar una amplia comprensión del significado interior, explicándolo desde un nuevo punto de vista.

"Mientras el Bendito se quedaba en el huerto cerca de Râjagriha, se encontró con Srigâla, un padre de familia, quien, agarrándose las manos, se volvía a los cuatro puntos cardinales, arriba hacia el cenit y abajo hacia nadir. Y el Bendito, sabiendo que esto se hace de acuerdo a una superstición religiosa tradicional para alejar al mal, le preguntó a Srigâla, '¿Por qué realizas estas extrañas ceremonias?'

"Srigâla respondió, '¿Piensas tú que es extraño que yo proteja mi casa en contra de influencias demoníacas? Yo se que Tú, O Gautama Sâkyamuni, al que la gente llama el Tathâgata y el Bendito Buda, de buena gana me dirías que los conjuros no tienen ningún beneficio y no poseen poder salvador. Mas escúchame y aprende que al ejecutar este rito yo honro, reverencio y conservo las palabras de mi padre.'

"Entonces el Tathâgata dijo, 'Haces bien, O Srigâla, en honrar, reverenciar y conservar las palabras de tu padre; y es tu deber proteger tu casa, tu esposa, tus hijos y los hijos de tus hijos en contra de las perniciosas influencias de los espíritus malignos. No veo nada de malo con la ejecución del rito de tu padre. Mas encuentro que tú no entiendes la ceremonia. Permite que el Tathâgata, quien ahora te habla como un padre espiritual y te ama no menos que lo que te amaron tus padres, te explique el significado de las seis direcciones:

"'Proteger tu casa con misteriosas ceremonias no es

suficiente; tú debes protegerla a través de buenas acciones. Volverte hacia tus padres al este, a tus Maestros al sur, a tu esposa e hijos al oeste, a tus amigos al norte y regular el cenit de tus relaciones religiosas encima de ti y el nadir de tus sirvientes debajo de ti.

"'Esa es la religión que tu padre deseaba que tuvieras y la ejecución de la ceremonia te recordará tus deberes.'

"Y Srigâla miró al Bendito con reverencia como si fuera su padre y dijo, 'Verdaderamente, Gautama, tú eres el Buda, el Bendito, el Santo Maestro. Nunca supe lo que estaba haciendo, mas ahora lo sé. Tú me has revelado la verdad que estaba oculta, como alguien que trae una lámpara a la obscuridad. Me refugio en el Iluminado Maestro, en la Verdad que ilumina y en la comunidad de hermanos que ha encontrado la Verdad'" [10]

Desde el inicio de su actividad Él estaba convencido que una palabra pronunciada a su debido tiempo y en el lugar correcto era más convincente que cualquier milagro en su efecto psíquico en el hombre y su regeneración. Él les ordenaba severamente a sus discípulos no manifestar sus adquiridos poderes "milagrosos" ante aquellos que no estaban familiarizados con los principios inherentes en semejantes poderes. Además de esto, dichas manifestaciones son dañinas para el mismo poseedor elevándolo sobre aquello que lo rodea y desarrollando su vanidad.

El discípulo ordenado no debe jactarse de perfección súper humana. El discípulo que con intención malévola intenta y con avaricia se jacta de perfección súper humana y de ser sujeto de visiones celestiales o milagros, deja de ser discípulo del Sâkyamuni. "Les prohíbo,

O bhikshus, emplear cualquier conjuro o plegaria, ya que éstos no tienen ninguna utilidad porque lo que gobierna todas las cosas es el Karma. Aquel que intenta realizar milagros es porque no ha entendido la Doctrina del Tathâgata." [13]

La palabra y el poder de convicción eran las únicas armas aplicadas por el Maestro para influir sobre las personas. En ninguna parte nunca encontramos ira o indignación, sólo una austera afirmación de la verdad, El discípulo Sariputra afirma "El Bendito es perfecto en la conducción de su discurso."

"Como la Tierra, soportando con paciencia, sin lamentarse y sin placer, todas las cosas repartidas sobre ella tanto puras como impuras, así el Buda, intocado, soporta tanto la veneración como el desdén de los hombres. Como el agua, purificando y refrescando todo sin distinción, así esto sea bueno o malo, el Buda entrega su compasión tanto a los amigos como enemigos." [11]

Numerosas eran las visitas y los discursos de Buda con sus oyentes con los que directamente los conmovía y múltiples las conversaciones sobre sus obligaciones respecto de sus familias y del bienestar social. Lo que lo distinguía de los otros maestros y su mérito más grande yacía en el hecho que, considerando el deber del hombre desde el punto de vista de la utilidad vital, Él trataba de aplicar sensibilidad y un sentimiento edificante a la vida práctica.

Este lado vital y práctico de la Enseñanza está hermosamente expresado en la respuesta del Bendito a Anâthapindika, un hombre de incalculable riqueza, llamado "el sostén de los huérfanos y el amigo de los pobres," que vino a consultarlo.

Oyendo que el Buda había hecho un alto en el bosque de bambú cerca de Râjagriha, Anâthapindika se puso en marcha esa misma noche para encontrarse con el Bendito. Y el Bendito pudo percibir de inmediato el corazón puro de Anâthapindika y lo recibió con palabras reconfortantes.

Anâthapindika dijo, "Ya veo que tú eres Buda, el Bendito y deseo abrirte toda mi mente. Una vez que me hayas escuchado aconséjame que hacer. Mi vida está llena de trabajo y al haber adquirido una gran riqueza, estoy rodeado de preocupaciones. Sin embargo yo disfruto mi trabajo y estoy consagrado a él con toda diligencia. Mucha gente está a mi servicio y dependen del éxito de mis empresas.

"Ahora yo he escuchado a tus discípulos elogiar la dicha de la ermita y acusar al desasosiego del mundo. 'El Santo,' dicen ellos, 'ha renunciado a su reino y a su herencia y ha encontrado el sendero de la virtud, para así dar un ejemplo a todo el mundo de cómo alcanzar el Nirvana.'

"Mi corazón anhela hacer aquello que es justo y ser una bendición para mi prójimo. Déjame preguntarte, ¿debo renunciar a mi riqueza, mi casa, mis negocios y como tú, escoger vivir sin ninguna posesión para así obtener el bendición de una vida virtuosa?"

Y el Buda respondió: "La bendición de una vida virtuosa puede ser alcanzada por cualquiera que camine en el noble óctuple sendero. Aquel que está atado a la riqueza será mejor que la arroje de su lado antes que permitir que envenene su corazón; mas aquel que no está adherido a la riqueza y que teniéndola la usa de manera virtuosa, será una bendición para su prójimo.

"Yo te digo, permanece en tu puesto de vida y aplícate con diligencia en tus empresas. Lo que esclaviza al hombre no es ni la vida, ni la riqueza, ni el poder, sino su apego a la vida, a la riqueza y al poder.

"El bhikshu que se retira del mundo para llevar una vida de holganza no obtiene beneficio. Una vida indolente es una abominación y la escasez de energía es algo que debe despreciarse. El Dharma del Tathâgata no requiere que el hombre escoja no tener posesiones o renunciar al mundo, a menos que él sienta ese llamado; el Dharma del Tathâgata requiere que cada hombre se libere a sí mismo de la ilusión del yo, limpie su corazón, abandone su sed por el placer y lleve una vida virtuosa.

"Y cualquier cosa que los hombres hagan, ya sea que permanezcan en el mundo como artesanos, mercaderes u oficiales del rey, o retirados del mundo y se consagren a la vida de religiosa meditación, que lo hagan poniendo su corazón en sus tareas, que sean diligentes y energéticos. Y si ellos son como el loto, que crece en el agua no obstante no toca esta agua, si ellos se esfuerzan en la vida sin abrigar envidia u odio, si ellos viven en el mundo una vida de verdad y no de egoísmo, entonces seguramente tanto la alegría como la paz y la bienaventuranza morarán en sus mentes." [13]

Vitales y prácticas fueron las hermosas respuestas del Bendito ante las preguntas de Simha, el guerrero.

"En aquel tiempo muchos ciudadanos distinguidos estaban sentados congregados en la casa comunal alabando de muchas formas al Buda, al Dharma y a la Sangha. Simha, el jefe general, uno de los discípulos de la secta de Niggantha, estaba sentado entre ellos. Simha pensó, 'Verdaderamente, el Bendito debe ser Buda, el Santo. Iré a visitarlo.'

"Entonces Simha, el general fue al lugar donde estaba el jefe de los Niggantha, Nâtaputta; y al acercársele le dijo: 'Deseo, Señor, visitar al samana Gautama.'

"Nâtaputta dijo: '¿Por qué tú, Simha, que crees en el resultado de las acciones de acuerdo al merecimiento moral, quiere visitar al samana Gautama, quien niega el resultado de las acciones; quien enseña la doctrina de la no-acción y en esta doctrina entrena a sus discípulos?'

"Entonces, el deseo de ir a visitar al Bendito que había nacido en Simha, el general, disminuyó.

"Escuchando nuevamente las alabanzas al Buda, al Dharma y a la Sangha, Simha le preguntó al jefe de los Nigganthas por segunda vez; y nuevamente Nâtaputta lo persuadió para que no fuera.

"Cuando en una tercera ocasión el general escuchó a ciertos hombres distinguidos ensalzar los méritos del Buda, del Dharma y de la Sangha, el general pensó: 'Verdaderamente el samana Gautama debe ser el Bendito Buda. ¿Qué es para mí el Nigganthas para que me de su consentimiento? Voy a ir sin pedirle permiso para visitar al Bendito, al Santo Buda.'

"Y Simha, el general, le dijo al Bendito: 'He escuchado, Señor, que el mismo samana Gautama niega el resultado de las acciones; él enseña la doctrina de la no-acción, diciendo que las acciones de los seres sensibles no reciben su recompensa debido a que él enseña aniquilación y el desprecio de todas las cosas; y en esta doctrina él entrena a sus discípulos. ¿Enseñas tú el deshacerse del alma y de quemar el ser del hombre? Te pido que me digas, Señor, ¿Aquellos que hablan así dicen la verdad o ellos son testigos de cargo en contra del Bendito, haciendo pasar un espurio Dharma como tu Dharma?'

"El Bendito dijo: 'Existe una manera, Simha, que aquel que habla así está hablando la verdad acerca de mí; por otro lado, Simha, existe una manera que quien dice lo opuesto está también hablando la verdad acerca de mí. Escucha, que te diré:

"'Yo enseño, Simha, el no-hacer acciones injustas (no-acción), ya sea con hechos o con palabras o con el pensamiento; Yo enseño que no hay que ocasionar (no-causa) todas aquellas condiciones del corazón que pertenecen al mal y no a la bondad. Sin embargo, Simha, Yo enseño que hay que realizar acciones donde esté la virtud ya sea con hechos, con palabras o pensamientos; Yo enseño que hay que ocasionar todas aquellas condiciones del corazón que pertenecen a la bondad y no a la maldad.

"'Yo enseño, Simha, que todas las condiciones del corazón que son malevolentes y no buenas, que las acciones injustas por hecho, palabra y pensamiento, deben ser incineradas. Aquel que se ha liberado, Simha, de todas las condiciones del corazón que son maléficas y alejadas del bien, aquel que las ha destruido como la palmera que ha sido desraizada para que jamás vuelva a crecer, ese hombre ha logrado la erradicación del yo.

"'Yo proclamo, Simha, la aniquilación del egoísmo, de la lujuria, de la mala voluntad, de la falsa ilusión. Sin embargo, Yo no proclamo la aniquilación del domino de sí mismo, ni de la paciencia, ni del amor, tampoco de la caridad o de la verdad.

"'Yo estimo como algo despreciable las acciones inicuas, ya sea que estas sean ejecutadas con hechos, con palabras o con el pensamiento; mas Yo considero digno de alabanza la virtud y la rectitud.'

"Y Simha dijo: 'Una duda todavía acecha en mi mente respecto de la doctrina del Bendito. ¿Consentiría el Bendito aclararme aquello que no me permite entender el Dharma como el Bendito lo enseña?

"Cuando el Tathâgata dio su consentimiento, Simha continuó: 'Yo soy un soldado, O Bendito y he sido nombrado por el rey para hacer cumplir las leyes y luchar en sus guerras. ¿Permitirá el Tathâgata, quien enseña bondad sin límites y compasión a todos los que sufren, que se castigue al criminal? Y más aún, ¿considerará el Tathâgata que es un error partir a la guerra por la protección de nuestros hogares, nuestras mujeres, nuestros niños y nuestras propiedades? ¿Enseña el Tathâgata la doctrina de una completa abdicación de sí mismo y de esta manera yo tener que dejar al malhechor hacer lo que le plazca y someterme sumisamente ante aquel que amenaza tomar con violencia lo que me pertenece? ¿Mantiene el Tathâgata que todo antagonismo, incluyendo la guerra que se libra por una causa justa, debería ser prohibido?'

"El Buda respondió: 'Aquel que merece castigo debe ser castigado y aquel que es digno de favores debe ser favorecido. No obstante, al mismo tiempo él enseña que no hay que causar daño a ningún ser viviente sino llenarse de amor y bondad. Estos mandatos no son contradictorios, ya que cualquiera que viole la ley deberá ser castigado por los crímenes que haya cometido y sufrirá su pena, no por una mala voluntad del juez, sino por causa de sus propios actos malvados. Eso actos le traerá el castigo que le será infligido por el ejecutor de la ley. Cuando un magistrado castigue, que no abrigue odio en su pecho, porque de esa manera, cuando el asesino sea ejecutado considere que este castigo es consecuencia de sus propios actos. Tan pronto como él entienda que la pena sufrida purificará su alma, él ya no se lamentará por su destino sino que se regocijará ante éste.'

"Y el Bendito continuó: 'El Tathâgata enseña que toda guerra, en la que un hombre trata de asesinar a su hermano, es lamentable; mas él no enseña que aquellos que van a la guerra por una causa justa, luego de haber agotado todos los medios para conservar la paz, son dignos de censura. Aquel que causó la guerra es el que debe ser censurado.

"'El Tathâgata enseña una renuncia completa del yo, mas él no enseña rendirse ante los poderes malignos, sean estos de los hombres, de los dioses o de los elementos de la naturaleza. La lucha debe estar presente ya que la vida misma es una lucha. Mas aquel que está luchando debería estar atento, no vaya a ser que su lucha sea por un interés personal y en contra de la verdad y la rectitud.

"'Aquel que se esfuerza luchando para beneficiarse a sí mismo, para poder crecer en poder, en fama o en riquezas, no tendrá recompensa, mas aquel que se esfuerza por la rectitud y la verdad, tendrá una gran recompensa ya que incluso si fuera derrotado en su lucha, esa derrota sería una victoria.

"'El yo no es un recipiente adecuado para recibir cualquier gran éxito; el yo es pequeño y quebradizo y su contenido se derramará pronto para el beneficio o tal vez adicionalmente, para la maldición de otros.

"'Sin embargo, la Verdad es lo suficientemente grande para recibir los anhelos y las aspiraciones de todos los egos y cuando los egos se rompan como envases de jabón, sus contenidos serán conservados y en la Verdad ellos tendrán una vida eterna.

"'Aquel que va a la batalla, O Simha, incluso por una razón justa, deberá estar preparado por si es asesinado por sus enemigos, ya que este es el destino de los guerreros; pero si su destino lo alcanzara, él no tendría razones para quejarse.

"'Mas aquel que obtiene la victoria, deberá recordar la inestabilidad de las cosas terrenales. Su éxito puede ser enorme, mas la rueda de la fortuna podría ser aún más grande y dando una vuelta más podría convertirlo en polvo.

"'Sin embargo, si él se moderara y extinguiendo todo el odio de su corazón, levantara a su pisoteado adversario diciéndole, "Vamos, levántate, hagamos las paces y seamos hermanos," él ganaría una victoria que no sería una victoria transitoria, ya que sus frutos permanecerían por siempre.

"'Grande es un general exitoso, O Simha, mas aquel que ha conquistado el yo es aún un vencedor más grande.

"'La doctrina de la conquista del yo, O Simha, no es enseñada para destruir las almas de los hombres sino para conservarlas. Aquel que ha conquistado el yo está más adaptado para vivir, para tener éxito y para ganar victorias que aquel que es esclavo del yo.

"'Aquel cuya mente está libre de la ilusión del yo, resistirá y no caerá en la batalla de la vida.

"'Aquel cuyas intenciones son rectas y justas no fallará sino que tendrá éxito en sus empeños y su éxito perdurará.

"'Aquel que abriga en su corazón amor por la verdad vivirá y no morirá ya que habrá bebido el agua de la inmortalidad.

"'Luche, O general, valerosamente; y pelee sus batallas vigorosamente, mas sea un soldado de la verdad y el Tathâgata lo bendecirá.'

"Cuando el Bendito hubo hablado así, Simha, el general, dijo: '¡Glorioso Señor! ¡Glorioso Señor! Tú has revelado la Verdad. Grande es la doctrina del Bendito. "Tú, en efecto, eres el Buda, el Tathâgata, el Santo. Tú eres el Maestro de la Humanidad. Tú nos mostraste el sendero de la salvación, ya que esto, en verdad, es la verdadera liberación. Aquel que te siga no perderá la luz que iluminará su camino sino que encontrará bendiciones y paz. Yo tomo refugio, Señor, en el Bendito, en su doctrina y en su hermandad. Espero que el Bendito me reciba desde este día en adelante hasta el final de mi vida como discípulo que ha tomado refugio en Él.'

"Y el Bendito dijo: 'Primero, o, Simha, considera lo que haces. Es conveniente que las personas de rango como tú no deberían hacer nada sin la debida consideración.'

"La fe de Simha en el Bendito crecía. Él contestó: 'Si los otros maestros, Señor, hubieran tenido éxito en hacerme su discípulo, ellos hubieran llevado sus estandartes a través de toda la ciudad de Vesâlî, gritando: "¡Simha, el general, se ha hecho nuestro discípulo!" Por segunda vez, Señor, tomo refugio en el Bendito, en el Dharma y en la Sangha; espero que el Bendito me reciba desde este día en adelante hasta el final de mi vida como discípulo que ha tomado refugio en Él.'

"El Bendito dijo: 'Por mucho tiempo, Simha, se han dado ofrendas a los Nigganthas en tu casa. En consecuencia, tú deberías considerar que está bien también en el futuro seguirles dando alimento cuando vengan a ti en su peregrinación por caridad.'

"Y el corazón de Simha se llenó de júbilo. Él dijo: 'Se me ha dicho, Señor: "El samana Gautama dice: 'Sólo a mi y a nadie más le deberás dar ofrendas. Únicamente a mis discípulos y ningún otro deberá recibir ofrendas." Mas el Bendito me pide dar también a los Nigganthas. Bien, Señor, ya veremos lo que es propio de la estación. Por tercera vez, Señor, tomo refugio en el Bendito, en el Dharma y en la hermandad.' " [13]

En todas las cosas él estaba influenciado por la meta-idoneidad. "¿Qué privilegios pudo haberte dado el cielo? Ustedes deben ser conquistadores aquí en este Mundo, con las condiciones en las que ustedes están ahora."

Una vez un gran disputador trató de abochornar a Buda haciéndole preguntas controvertidas. El Buda dejó de prestarle atención y le habló a la muchedumbre que estaba a su alrededor: "Este hombre desea no lo que él ve. El busca aquello que no ve. El buscará en vano por mucho tiempo. Él no está satisfecho con lo que ve a su alrededor y sus deseos son ilimitados. Saludos a aquellos que han renunciado a sus deseos."

Lo que enseñó Buda fue declarado una doctrina de vida porque la introducción de una Enseñanza elevada y de metas apropiadas en la vida diaria marcó una era en la vida de la humanidad. Esto se debió a que las antiguas prohibiciones y negaciones fueron sustituidas por una Enseñanza positiva y práctica y tuvo como consecuencia que la moralidad se elevó a un estándar más elevado.

. . . . .

Se ordenó abstenerse de todo aquello que era negativo y con toda la energía impulsar lo positivo y hermoso.

El suicidio fue especialmente condenado por Buda así como el quitarle la vida a cualquier ser. "Todos tiemblan cuando encaran el castigo, todos le temen a la muerte; juzguen a otros como así mismo, no asesinen, tampoco sean los causantes de asesinatos." [8]

"El bhikshu se abstiene de matar; elude el tomar la vida de cualquier ser viviente. Dejando a un lado el garrote y la espada, él es apacible y misericordioso, amable y compasivo hacia toda criatura viviente."

. . . . .

Estaba prohibido tomar alcohol y también causar la intoxicación de otros ya que la ebriedad lleva a la perdición, al crimen, a la locura y a la ignorancia, la que es la causa principal de una nueva y gravosa existencia. Se señaló la necesidad de una castidad total para alcanzar un completo desarrollo espiritual. Mas el tener una esposa y serle fiel era considerado como una forma de castidad. La poligamia se la consideraba un engendro de la ignorancia por lo que estaba condenada severamente por Gautama Buda.

La Enseñanza respecto de la santidad del matrimonio fue hermosamente expuesto por el Bendito en la parábola "El banquete de Matrimonio en Jambânada."

"'La felicidad más grande que un hombre pueda imaginar es el vínculo matrimonial que une a dos corazones que se aman. Pero existe todavía una felicidad aún más grande: es la adhesión a la Verdad. La muerte separará al esposo de la esposa, mas la muerte nunca afectará a aquel que se ha desposado con la Verdad.

"'En consecuencia, desposa a la Verdad y vive con la verdad en sagradas nupcias. El esposo que ama a su mujer y desea una unión que dure eternamente debe ser fiel a ella como a la Verdad misma; y ella confiará en él y lo respetará y asistirá. Y la esposa que ama a su marido y desea una unión que dure eternamente debe ser fiel a él como a la Verdad misma; y él confiará en ella, [él la honrará] él le proveerá con lo necesario. Verdaderamente, Yo les digo, [su matrimonio será sagrado y bienaventurado y] sus hijos e hijas serán como sus padres y serán testigos de su felicidad.

"'Que ningún hombre se quede soltero, que cada uno se una en matrimonio en amor sagrado con la Verdad. Y cuando Mâra, la destructora, llegue a separar las formas visibles de tu ser, tú continuarás viviendo en la Verdad y tú participarás de la vida eterna ya que la Verdad es inmortal.'" [13]

La Enseñanza de Buda hizo más por la liberación y la felicidad de la mujer que ninguna otra enseñanza en la India. "La mujer", dijo Gautama, "puede alcanzar el nivel más elevado de conocimiento que ahora está reservado para el hombre — ella puede convertirse en Arhat. La Libertad, que está más allá de las formas, no dependen del sexo, que pertenece al mundo de las formas." La mujer jugó un papel importante en las comunidades y muchas de ellas fueron extraordinarias por su conocimiento y esfuerzo.

Citamos aquí su respuesta a la pregunta de su discípula Soma, "¿Cómo puede esta condición que es difícil de obtener para el sabio ser alcanzada por una mujer con su mente limitada? Cuando el corazón descansa, cuando la conciencia está desplegada, entonces la Verdad es percibida. Pero si uno piensa yo soy una mujer, o yo soy un hombre, o yo soy esto o aquello, que Mâra sea su preocupación." [14]

"Las puertas de la inmortalidad están abiertas a todos

los seres. Aquel que tenga oídos, que se aproxime, que ponga atención a la Enseñanza y que tenga fe." [4]

. . . . .

Buda señaló el absurdo del prejuicio atribuido a la creciente autoridad de las palabras cuando son repetidas por un número creciente de eruditos. Un verdadero erudito es aquel que ha obtenido la perfección de la comprensión, no aquel que masculla las fórmulas, previamente rechazadas en distintas ocasiones.

"Yo le digo a mis estudiantes, 'Aquí está el Nirvana, aquí el camino para llegar a él.' De aquellos que fueron instruidos por mi, sólo unos pocos llegan, otros no. ¿Qué puedo hacer? El Bendito es sólo el Indicador del camino" [14]

"Ningún hombre puede salvar a su vecino. El mal hecho por el hombre mancha sólo al mismo hombre. El mal evitado por él es sólo de su incumbencia. Solamente para él las personas son puras o impuras. Ningún hombre puede purificar a otro" [8]

La recuperación es posible sólo a través del proceso interior de trabajo sobre sí mismo. Por lo tanto, el Buda no reconoce ningún poder especial detrás de concepciones transmitidas de generación tras generación, "como canastas transmitidas de mano a mano." [4]

. . . . .

El Buda, sólo al negar el concepto convencional de Dios y al afirmar la posibilidad de liberarse enteramente por medio del esfuerzo personal y trabajo asiduo sobre sí mismo, refutó la realización de cualquier culto o adoración exterior. Desde el comienzo, él censuró todos los rituales y otras acciones exteriores, él sostenía que estas manifestaciones sólo ayudan a recrudecer la ceguera espiritual y el aferrarse a formas sin vida. En ninguna parte de su Enseñanza existe ni el más mínimo indicio de un culto personal. El dijo: "La Enseñanza es salvación no porque haya sido dada por el Buda sino porque ésta libera. El pupilo que me sigue, aferrándose al borde de mi túnica, está muy lejos de mí y Yo de él. ¿Por qué? Porque el discípulo no me ha visto. Otro podría vivir a cientos de kilómetros de distancia de mí y a pesar de esto estar cerca de mí y yo de él. ¿Por qué? Porque este discípulo entiende la Enseñanza; el entender la Enseñanza hace que me entienda a mí" [15]

"Si ustedes entendieron y percibieron la verdad como es, dirían ustedes: 'Nosotros le debemos respeto a nuestro Maestro y por ese respeto, ¿debemos hablar como habló el Maestro'?

"'No, Bendito.'

"¿Aquello que ustedes afirman no es lo que ustedes percibieron y comprendieron?

"'Sí, Bendito.'" [4]

Previendo el futuro, el Buda dijo: "La Enseñanza es como la llama de una antorcha, encendiendo innumerables fuegos. Aquellos fuegos pueden ser usados para cocinar los alimentos o para disipar la obscuridad, más la llama de la primera antorcha permanece invariablemente luminosa" [16]

Siendo enemigo de todos los rituales, el Buda negaba

el poder de purificación del baño. "Un hombre no se vuelve moralmente puro a través del lavado constante en agua. Un hombre puro, un brahmín, es aquel en quien mora la verdad y la virtud." [17] "El Gayâ es la misma clase de reservorio como cualquier otro reservorio." [4]

"Todas sus reglas," le dijo el Buda a los fanáticos, "son básicas y ridículas. Algunos de ustedes caminan desnudos, y se cubren sólo con sus manos; otros no beben o comen de un jarro o de un plato, no se sientan a la mesa entre dos interlocutores, entre dos cuchillos o dos platos; otros no se sientan en la mesa comunal y no aceptan limosna en una casa donde hay una mujer preñada o donde ven moscas o algún perro.

"Hay quien se nutre sólo de vegetales con una infusión de arroz, con carne de vaca o estiércol de venado, raíces de árboles, ramas, hojas, frutas silvestres o semillas. Otro lleva su manto sólo sobre sus hombros, o se cubre únicamente con musgo, con corteza de árbol, con plantas o con piel de reno, lleva su cabello suelto y pone una faja en su pelo. Otro lleva su ropa de duelo, siempre sosteniendo sus manos hacia arriba, no se sienta en un banco o en una estera, o siempre se sienta como lo hacen los animales.

"Otro yace sobre plantas espinosas o sobre estiércol de vaca.

"No voy a enumerar otros medios similares a los mencionados con los que ustedes se torturan y se agotan.

"¿Qué esperan ustedes, trabajadores voluntarios, por su duro trabajo? Esperan limosnas y respeto de los laicos y cuando ustedes obtengan lo que esperan, se atarán fuertemente a las comodidades de la vida temporal, no querrán separarse de ella y no conocerán los medios para hacerlo. Tan pronto como ustedes ven que se acercan visitantes, inmediatamente se sientan y pretenden estar absortos en profunda meditación, mas cuando ellos se marchan vuelven a hacer lo de siempre, caminan y descansan cómodamente.

"Cuando les dan comida ordinaria, incluso sin probarla la devuelven, mas cuando les dan comida sabrosa ustedes se la quedan. Ustedes se gratifican en vicios y pasiones mientras se ponen una máscara de modestia. ¡No, así no es el verdadero logro!

"El ascetismo es útil sólo cuando no esconde motivos codiciosos."

El ascetismo carece de valor como medio de liberación de las ataduras terrenales. Es más difícil encontrar un hombre paciente que uno que se nutre asimismo con aire y raíces o se viste con cortezas y hojas. "Cuando el hombre se debilita por hambre y sed, cuando está demasiado cansado para dominar sus sentimientos y pensamientos, ¿podrá alcanzar la meta que se obtiene sólo con la mente clara de una conciencia ensanchada?" [18]

"Para que las cuerdas de la vina produzcan sonidos armoniosos, ellas no deben estar ni apretadas ni flojas. Así, con cada esfuerzo excesivo para apretar las cuerdas se termina en un desperdicio de energía y si este esfuerzo es mezquino, terminará en pasividad.

"Practica mesura; mantén la correcta medida en tensión y establece el equilibrio de tus habilidades.

"El hombre disciplinado es libre; siendo libre, es

alegre, además de sosegado y feliz." [4] El Buda quería que la vida de la comunidad fuera alegre.

Cuando formuló los preceptos para su hijo, Él le ordenó atesorar alegría con amor, compasión y paciencia.

EN EL BUDISMO, el hombre es capaz de ser virtuoso sólo si ha comprendido la virtud. Uno no puede desesperanzarse si el hombre que crea malevolencia sabe lo que está haciendo. Él ve aquello que está mal, pero al menos lo ve. Al lograr cierto conocimiento, él podrá renunciar a sus hechos anteriores. ¿Mas que podrá uno esperar de aquel hombre que está poseído por una ceguera mental? "De dos personas que hayan cometido el mismo error, aquel que no se ha dado cuenta de éste es el peor. De dos personas inocentes, aquel que se da cuenta que no es culpable es el mejor. Porque uno no puede esperar que el hombre que no se considera culpable se esfuerce para detener su error." [4]

Para poder curarse uno debe saber su enfermedad, mas el darse cuenta de ésta no proporciona salud; por ello, la condición necesaria es una manifestación de la voluntad.

Considerando todas las manifestaciones existentes como correlaciones de las energías más refinadas, el Maestro valoraba especialmente la evidencia del esfuerzo en sus pupilos. Él nunca enseñó a sojuzgar las pasiones como tales, sino la transmutación y la sublimación de su cualidad, ya que en la base de cada pasión está contenida la chispa de la energía, sin la cual no hay progreso posible.

Energía y voluntad hacen que el pupilo esté vigilante y lo llenan de un esfuerzo constante. Estas cualidades lo arman de paciencia, de energía y de un continuo control — tres condiciones indispensables para aplastar las hordas de Mâra, "como un elefante aplastaría una choza de bambú." La paciencia nace de la compasión y el conocimiento.

De la intolerancia dijo, "Los errores de otros son fácilmente detectables, mas los de uno son percibidos con dificultad. Un hombre cierne las fechorías de su vecino como se hace con los granos con cáscaras, mas esconde las propias como el tramposo esconde el dado cargado del otro jugador." [8]

En ninguna parte observamos que se menciona la no-resistencia al mal, mas en todas partes vemos tanto la condena como la supresión del mal. Uno no debería someterse al sufrimiento, uno debería atreverse al perfeccionamiento del bien y no satisfacerse con logros pequeños. "Como una hermosa flor llena de color pero sin fragancia, así son las palabras bondadosas aunque infructuosas de aquel que no actúa de acuerdo con ellas." [8]

"A mis discípulos Yo les señalé el sendero que deberán hollar para poder manifestar los cuatro esfuerzos perfectos: Prevenir el comienzo de aquello que es dañino, de aquel mal no manifestado todavía; detener su desarrollo si ya se ha manifestado; ayudar a que se manifiesten cosas útiles todavía no manifestadas y fortalecer aquellas que ya se han manifestado. En consecuencia, el discípulo crea voluntad, esfuerzo, desarrolla coraje, ejercita el corazón y lucha." [4]

Es imposible llamar a Buda moderado. Por el contrario, él es el Líder jamás-desalentado, el Luchador por la comunidad y por aquello substancial, el Héroe del trabajo y de la unidad.

Buda señaló la necesidad del justo-medio y de la meta-idoneidad. Él dijo: "Uno no debería ser ni más ni menos." Sus seguidores hicieron de esta fórmula del justo-medio la cansona y fastidiosa regla de oro. Mas la regla de oro o el camino del medio, debería ser entendido como la comprensión de la armonía. Buda, de igual forma, ordenó la posesión de menos objetos para no tener que pasar mucho tiempo con ellos. Este consejo a sus seguidores se transformó en pedantería. Buda censuró a los fanáticos y les aconsejó que el cuerpo debiera ser tratado de acuerdo a la necesidad de las condiciones. Allí donde el cuerpo deba ceñirse para realizar un viaje, el Maestro señaló delgadez. Mas donde la infección de la atmósfera está en necesidad de protección, el Maestro ordenó alimentarse. En la Enseñanza de Buda encontramos no sólo una filosofía de la Materia sino también el mejoramiento práctico de la vida diaria.

El Maestro señaló la necesidad de armonía en las fuerzas del hombre para que se manifiesten las más elevadas medidas del conocimiento, de la belleza y la necesidad científicamente vital de la economía cósmica para el bien común.

"Aquel que observa justo-medio en la clemencia y es inventivo en recursos, podrá combinar sabiduría con compasión." [5]

"El hombre caritativo habrá encontrado el sendero de la salvación. Él será como el hombre que planta un árbol para así asegurarse sombra, flores y frutos para el futuro.

Así es el resultado de la caridad, así como lo es el júbilo de aquel que asiste a aquellos que necesitan ayuda. Así es la grandeza del Nirvana.

"La inmortalidad puede ser alcanzada sólo con continuos actos de bondad; y la perfección se la alcanza con compasión y caridad."

La meta-idoneidad y la compasión están expresadas vívidamente en el siguiente diálogo:

"¿Pronuncia el Bendito palabras que son falsas, destructivas y desagradables?"

"No."

"Si esto es verdad, ¿Destructivas y desagradables?"

"Tampoco, no."

"Si esto es verdad, ¿útiles y desagradables?"

"Sí, cuando lo considera necesario."

"Si esto es falso, ¿destructivas y agradables?"

"No."

"¿Verdaderas, útiles y agradables?"

"Sí, cuando lo considera apropiado."

"¿Por qué él actúa así?

"Porque él tiene compasión por todos los seres." [4]

Muchos indicios sobre la compasión de Buda están contenidos en los Sûtras; uno no necesita enumerarlos porque todas las finezas y la relación afectiva de Buda con su vecino están resumidas en el último episodio:

Chunda, el herrero, al escuchar que Buda había llegado a Pâvâ y se había detenido en la arboleda, fue a verlo, y después de saludarlo con reverencia, le pidió al Bendito compartir su alimento el día siguiente. Luego que Buda aceptó la invitación partió para empezar a preparar todos los manjares posibles y también un pedazo grande y jugoso de carne de cerdo para servirlo al día siguiente. Llegó el Bendito a la casa de Chunda acompañado por sus discípulos. Sentándose en el puesto que le había preparado, Buda se dirigió a Chunda, el herrero:

"Chunda, sírveme la carne de cerdo que preparaste, pero a mis discípulos dales los otros manjares que cocinaste."

"Sí, Señor," respondió el herrero e hizo lo que el Buda le pidió.

Entonces el Bendito dijo: "Chunda, entierra todo aquello que sobró del cerdo porque no se de nadie además del Tathâgata que podría digerirlo."

"Sí, Señor," contestó Chunda y enterró lo que quedaba del cerdo.

Luego de compartir la comida en la casa de Chunda, el herrero, el Bendito empezó a sufrir síntomas severos en su estómago y sufrió grandes dolores. Le dijo a su discípulo Ânanda, "Levántate, Ânanda, tenemos que ir a Kusinarâ." En el camino el Bendito se detenía con frecuencia por causa de sus grandes dolores, sintiéndose sediento y afligido. Así ellos llegaron al río Kakutshtâ. Allí se bañó y luego se detuvo en las afueras del bosque. Tendiéndose sobre su extendida túnica, le dijo a Ânanda: "Ânanda, es posible que alguien vaya a acosar el corazón de Chunda, el herrero, diciéndole: 'Chunda, ¡qué angustia que debes sentir! Debes sentirte desdichado porque el Tathâgata abandonó el mundo ilusorio luego de aceptar la comida en tu casa.'

"Ânanda, disipa los pesados pensamientos de Chunda

diciéndole lo siguiente: 'Amigo, debes estar regocijado porque tu felicidad yace en que esto haya pasado de esa manera. De los labios del mismo Tathâgata he escuchado y entendido que los dos obsequios de alimento que le diste recibirán igualmente gratitud y recompensa — verdaderamente, ellos recibirán la recompensa y la bendición más grande que ningún otro haya recibido. ¿Cuáles dos? Esa, por la que el Tathâgata alcanzará la iluminación más grande y completa y aquella, la que luego de compartir, Él entró en la liberación del Nirvana.' Con esas palabras, Ânanda, tú vas a disipar los pesados pensamientos de Chunda, el herrero." [19]

. . . . .

Mientras más profundo entramos en la Enseñanza del Bendito, aparece más vívidamente su ilimitada compasión y su ilimitado amor, los que penetran cada uno de sus pensamientos y acciones.

"¡Como una madre que protege su único hijo con su propia vida, cultiva ese ilimitado amor hacia todos los seres!" [7]

Su compasión todo-abarcadora con todas las cosas existentes se extendía incluso al reino vegetal. Él evitaba destruir semillas y plantas. En el Anguttara Nikâya decía el Bendito, "Cualquiera de mis discípulos cultiva una mente que da amor por un momento, aquel discípulo no medita en vano y sigue la Doctrina y la disciplina del Maestro; ¡mas cuánto más lo harán aquellos que cultivan el pensamiento del amor!"

En el Itivuttak se decía, "Todos los métodos para

ganar méritos en esta vida no valen una dieciseisava parte de amor, la liberación de la mente. El amor, la liberación de la mente, los toma para sí, brillante, radiante y resplandeciendo.

"Y como la más brillante de todas las estrellas no igualan una dieciseisava de la brillantez de la luna, pero como la luz de la luna la absorbe en sí misma, brillante, radiante y resplandeciendo, así, de este modo, todos los métodos para ganar méritos en esta vida no valen una dieciseisava parte de amor, la liberación de la mente.

"El amor, la liberación de la mente, los toma para sí, brillante, radiante y resplandeciendo.

"Y como en el último mes de la temporada de lluvia, en el otoño, el sol en un cielo claro y sin nubes, escalando el firmamento, quitando toda obscuridad ahí donde el aire se extiende, brillante, radiante y resplandeciendo; y como continuación de la noche, temprano en la mañana la estrella matutina brilla y resplandece, aún así todos los medios para ganar méritos en esta vida no valen una dieciseisava parte de amor, la liberación de la mente. El amor, la liberación de la mente, los toma para sí, brillante, radiante y resplandeciendo."

El amor de Buda era de un raudal tan ilimitado que no podía extinguirse por ningún odio u hostilidad. Por el contrario, cualquier ataque hostil hacía que este amor se desarrollara completamente. En consecuencia, él decretó que sus discípulos actuaran así, "Cualquier hombre puede hablar preocupándote, ya sea de manera apropiada o no, ya sea de manera cortés o ruda, de manera sabia o tonta, de forma amable o maliciosa, así, mis discípulos, deben entrenarse ustedes mismos. Nuestras mentes deberían permanecer inmaculadas; de nuestros labios no debería escapar ninguna palabra inicua. Siempre con amabilidad y compasión, con amor en el corazón y no abrigar odios secretos. Y nosotros las lavaremos con el ilimitado raudal del pensamiento amoroso. Y nos vamos más lejos, nosotros abarcaremos e inundaremos todo el mundo con pensamientos constantes de amabilidad amorosa, amplia, ancha, expansiva, ilimitada como el mundo, libre de animosidad, libre de mala voluntad. Así, discípulos, deben entrenarse ustedes mismos" [4]

Aquí vemos nosotros que el amor que sus discípulos tenían que cultivar era el raudal ilimitado de la amabilidad radiando a las cuatro esquinas del espacio, arriba y abajo, en todos los lugares del Mundo.

De acuerdo a la Enseñanza, estas oleadas de amabilidad, de compasión o de júbilo enviadas al espacio, alcanzan las mentes afligidas con pesar y congoja, las que de repente sienten dentro de ellas un flujo de paz y serenidad.

El pensamiento es energía y así actúa en total conformidad con su intensidad y el ímpetu entregado a él.

Al amor, de la forma que lo enseñó el Bendito, al ser la liberación de la mente, se lo consideraba como la raíz de todo lo realmente grande.

"Lo más grande de todo es un corazón amoroso."

UNA LEYENDA ADICIONAL sobre la vida de Buda. "El Bendito se sentó sobre las aguas de un lago profundo. En sus profundidades uno podía discernir todo un mundo de peces y algas marinas. El Bendito notó como este pequeño mundo se asemejaba a las cortes reales., "Si un hombre se hundiera aquí, él destruiría estas efímeras moradas con sus pies, pero él se ahogaría. De profundidades como esta el espíritu del hombre no saldría.

"'Pero,' sonrío el Maestro, 'para todo hay un remedio. Uno puede hacer añicos la roca y secar el lago. Los caracoles tendrán que secarse o encontrar otro lugar para vivir. Mas el hombre no perecerá.'"

. . . . .

En los escritos budistas se menciona con frecuencia a seis instructores, todos ellos filósofos, como antagonistas constantes de Buda. Estos eran filósofos que disputaban las bases teóricas de las Enseñanzas de Buda. Dos hipótesis en la Enseñanza de Gautama Buda eran especialmente atacadas: su Enseñanza acerca de las causas y su negación de un alma independiente e inmutable en el hombre y en el Universo — la misma hipótesis que es ahora tan cercana a nuestro modo de pensar contemporáneo.

Afirmando la realidad que nos rodea y que es visible a todos nosotros, el Maestro señalaba la existencia de la realidad más sutil, la que es alcanzada sólo a través del conocimiento más elevado. El conocimiento de esta realidad y la posesión de este conocimiento elevado son usualmente imperceptibles a nuestros burdos órganos de percepción.

"Si aquello que es entendido por nuestras sensaciones existiera como la única realidad, entonces el tonto, por derecho de nacimiento, poseería la Verdad fundamental; ¿para qué, entonces, servirían todas las búsquedas que eventualmente nos llevarán a la comprensión de la esencia de las cosas?"

En nuestros cerebros hay centros, la apertura de los cuales proporciona la posibilidad de la posesión de un conocimiento inmutable. En esta afirmación nosotros vemos nuevamente como el Maestro procedía en una dirección puramente científica, coincidiendo en esta declaración, con las afirmaciones de los científicos contemporáneos respecto de los muchos centros del organismo con funciones que todavía no nos son conocidas, pero los que, de acuerdo a la importancia de los lugares que ellos ocupan, uno podría suponer que son de un importancia inusual.

La idea de Dios tiene su propia interpretación para los budistas, tanto de acuerdo con la ley del Karma como con la comprensión de la necesidad del esfuerzo personal para lograr la propia liberación. "¿Qué es aquello que le da forma a nuestras vidas? ¿Es Îsvara, un creador personal? Si Îsvara es el hacedor, todas las entidades vivientes deberían silenciosamente someterse al poder de su hacedor. Ellos serían como vasijas formadas por la mano del alfarero; y si así fuera, ¿cómo sería posible hacer práctica de la virtud? Si el Mundo ha sido hecho por

Îsvara no debería haber nada parecido al dolor, o nadie debería experimentar ninguna calamidad y el pecado no existiría; ya que los hechos puros e impuros se originarían en Él. Si esto no es así, entonces tendría que haber otras causas además de Él y Él no tendría existencia por sí mismo. Así, podemos ver que la idea acerca de Îsvara o del creador personal fue destronada.

"Una vez más, se ha dicho que el Absoluto nos ha creado. Pero aquello que es absoluto no puede ser causa. Todas las cosas alrededor nuestro provienen de una causa como la planta proviene de la semilla; pero ¿cómo el Absoluto puede ser la causa de todas las cosas similares? Si el Absoluto penetra todas las cosas, entonces, ciertamente, no las ha hecho.

"Una vez más, se ha dicho que el Yo es el hacedor. Pero si el Yo es el hacedor, ¿por qué no las hizo gratificantes? Las causas del dolor y del gozo son reales y objetivas. ¿Cómo es que han sido hechas por el Yo?

Una vez más, si nosotros adoptamos el argumento que no existe el hacedor, nuestro destino es tal como es y no habría causalidad, ¿de qué serviría el configurar nuestras vidas y ajustar los medios para lograr una meta?

Por lo tanto, nosotros sostenemos que todas las cosas que existen tienen una causa. Así, el hacedor no es Îsvara, ni el Absoluto, tampoco el Yo, ni el azar sin causa, sino que son nuestras acciones las que producen los resultados tanto buenos como malos." [13]

"El Mundo entero está bajo la ley de la causalidad y las causas son mentales y no mentales — el oro con el que la copa está hecha es oro por todas partes. No nos perdamos en vanas especulaciones acerca de sutilezas improductivas; renunciemos al Yo y al egoísmo y ya que todas las cosas están determinadas por la causalidad, practiquemos el bien para que el bien sea el resultado de nuestras acciones." [2]

Si la existencia eternamente cambiante del hombre excluye la hipótesis de una entidad constante e inmutable, entonces el Universo, este complejo de complejos, podría ser explicado enteramente sin la necesidad e incluso sin la posibilidad de introducir en él un Ser invariable y eterno.

El Buda condenó especialmente dos doctrinas:

1. La afirmación del alma eternamente invariable.

2. La destrucción del alma después de la muerte.

Ambas doctrinas eran negadas por la ley de la concepción causal, la que establece que todos los Dharmas son al mismo tiempo causas y consecuencias.

Buda negó la existencia de una alma inmutable en el hombre y en todo lo demás, ya que él vio tanto en el hombre como en todo el Universo sólo inconstancia, mutabilidad y transitoriedad.

La tesis de la continuidad del flujo de los fenómenos y la fórmula de la causalidad de la concepción excluye la existencia del alma eternamente inalterable y constante, tanto la individual como la universal.

La connotación de la palabra alma es absolutamente inadmisible para el budista; porque la idea que el hombre pueda existir como un ser separado de todos los otros seres y separado de la existencia de todo el Universo, no puede ser ni probado por la lógica ni respaldada por la ciencia. "En este Mundo nadie es independiente. Todo lo que existe depende de las causas y de las condiciones." "Cada cosa depende de otra cosa y la cosa sobre la que depende, en su momento, tampoco es independiente. [6]

De manera constante el Buda enseñó que no existe el independiente "yo" y que no hay un Mundo separado de este "yo." No existen cosas independientes, no existe vida separada — todas las cosas son sólo correlativos indisolubles. Si no existe un "yo" separado, no podríamos decir que esto o aquello es mío y en consecuencia, el origen de la concepción de la propiedad queda destruido.

Si la concepción del alma humana permanente e independiente es rechazada, ¿qué, entonces, le da al hombre la sensación de una personalidad permanente? La respuesta es — trishnâ, o el anhelo ardiente de existir. El ser que ha generado causas por las que él es responsable y posee este deseo ardiente de existir, de acuerdo a su Karma, nacerá nuevamente.

De uno y del mismo complejo de elementos (dharma) nacen infinitas combinaciones de skandhas — elementos, los que se manifiestan en un momento determinado como una personalidad y luego de un período definido de tiempo aparece como otro, como un tercero, como un cuarto, etc., y así al infinito. Allí lo que ocurre, no es una transmigración sino una transformación sin fin de un complejo de dharmas o elementos — que es una continuada reagrupación de los elementos — el substrato que forma la personalidad humana.

Sobre la cualidad de la nueva combinación de skandhas — elementos de la nueva personalidad — el último deseo antes de la muerte de la última personalidad tiene una gran influencia: este deseo le da dirección al flujo liberado.

En budismo considera al hombre como una individualidad, construido por numerosas existencias, pero sólo parcialmente manifestadas en cada nueva aparición en el plano terrenal.

La existencia individual, que consiste en toda una cadena de vidas, la que empezó, continúa y termina para poder empezar otra vez, ad infinitum, es comparada a una rueda o a un año de doce meses, repetido invariablemente.

La cadena de los Doce Nidânas deja de ser una cadena, para convertirse en la Rueda de la Vida, con doce rayos. Una vez puesta en movimiento, la Rueda de la Vida, la Rueda de la Ley, no se detendrá nunca más: "La Rueda de la Benevolente Ley en su inmutable rotación tritura incansablemente el tamo inservible, separándolo del grano de oro. La mano del Karma dirige la Rueda, sus revoluciones marcan el ritmo de su corazón."

Todos estos cambios de formas o de existencias conducen a una única meta — la obtención del Nirvana; que significa el desarrollo total de todas las posibilidades contenidas en el organismo humano. Pero el Budismo enseña la percepción y la creación del bien independientemente de esta meta, ya que lo contrario sería un egoísmo absoluto, y una especulación de esta naturaleza está condenada al desengaño. Como ha sido dicho, el Nirvana es el epítome del desinterés, la completa renunciación de todo aquello que es personal por causa de la

Verdad. El hombre ignorante sueña y se esfuerza para alcanzar el Nirvana sin darse cuenta de su verdadera esencia. Crear el bien teniendo en cuenta ganancias o el llevar una vida disciplinada para obtener liberación no es el noble sendero ordenado por Gautama. La vida debe ser cruzada sin pensar en premios, recompensas o alcanzar logros y una vida así será la mejor.

El estado de Nirvana puede ser alcanzado por el hombre durante su vida terrenal.

. . . . .

El budismo no hace diferencia entre el Mundo físico y el psíquico. La realidad atribuida a la acción del pensamiento está en la misma categoría de los objetos reconocidos por nuestros sentidos. El Bendito dijo: "Verdaderamente te digo, tu mente es mental, mas aquello que tú percibes con tus sentidos es también mental. No existe nada dentro o fuera del Mundo que no sea mente o que no puede volverse mente. Existe espiritualidad en toda existencia y aún el barro que pisamos puede convertirse en seres que persigan la Verdad."

El budismo considera todos los fenómenos existentes como una sola realidad. Tanto física como psíquicamente estos fenómenos son dharma, objetos de nuestro conocimiento. Dentro y fuera, nosotros nos ponemos en contacto sólo con dharmas. La palabra dharma es uno de los términos más importantes y más difíciles de traducir de la terminología budista. Dharma tiene un carácter múltiple, un factor de conciencia con propiedades inherentes de expresión definida. Nuestros órganos nos dan sensaciones que son transformadas en dharmas a través de la acción del conocimiento. Las ideas, las imágenes y todos los procesos intelectuales son, primero que todo, dharmas.

Así como el color, la forma y el sonido son para el ojo y el oído así los dharmas son para la conciencia. Para nosotros ellos existen por sus efectos. "El color azul existe sólo hasta el punto en que nosotros recibimos la sensación de azul."

Es costumbre llamar a la misma Enseñanza de Buda, Dharma, debido a que dharma también significa ley.

Los fenómenos subjetivos y objetivos están cambiando continuamente. Ellos son reales; mas su realidad es momentánea ya que todo lo que existe es sólo parte de un desenvolvimiento desplegándose eternamente — los dharmas aparecen un momento para cambiar en el siguiente. Esta doctrina de flujo eterno de todas las cosas fue una característica tan fundamental en la Enseñanza que incluso se la llamó "La Teoría de la Destrucción Instantánea."

Los Dharmas (portadores trascendentales de cualidades definidas) son atraídos al flujo del cambio eterno de las vibraciones. Sus combinaciones definen las especificaciones de los objetos y de los individuos. Sólo aquello que está más allá de las combinaciones es inmutable. La antigua enseñanza sabía sólo de un concepto que era integral, incondicionado y eterno — el Nirvana.

Cada dharma es una causa, ya que cada dharma es energía. Si esta energía es inherente en todo ser consciente, ella se manifiesta a sí misma de dos maneras:

externamente, como la causa inmediata del fenómeno; interiormente, transmutando a aquel que la ha engendrado y conteniendo en sí misma las consecuencias que se revelarán en el cercano o lejano futuro.

Nosotros encontramos que el organismo físico y psíquico de un hombre no es sino la combinación de cinco grupos de agregados, o skandhas, los que están divididos en las cualidades físicas de:

1. forma — *rûpa*;
2. sentimientos — *vedanâ*;
3. percepciones — *samjñâ*;
4. fuerzas — *samskâra*;
5. conciencia — *vijñâna*.

Todas estas cinco cualidades físicas son igualmente inestables y duales. Los Samskâra son las inclinaciones y los poderes creativos, explican los dharmas actuales por los dharmas anteriores e indican cuales de los dharmas presentes preparan aquellos del futuro.

"Los Samskâra son acumulaciones dejadas por las sensaciones pasadas que dejan su fragancia a las futuras sensaciones." De esta definición de samskâra-skandha se deduce claramente que este grupo de elementos aparecen como el único que absorbe todas las peculiaridades de los otros skandhas. Samskâra skandhas (cuerpo causal) — la conservación de este grupo de skandhas está condicionado por la necesidad de manifestación; cuando esta necesidad desaparece, ellos son transformados en pura luz. Vijñâna-skandha y parcialmente samjña prestan sus colores, o caracteres a las otras combinaciones y de esta manera aparecen como la causa definiendo la siguiente existencia, en el sentido de esfuerzos e inclinaciones.

"Rûpa es como un plato; vedanâ es como el alimento contenido en el plato; samjñâ es como la salsa; samskâra es como el cocinero y vijñâna es como el comensal." El Bendito decía: "Es por el proceso de la evolución que los sankhâras aparecen. No existe sankhâra que no haya brotado gradualmente. Tus sankhâras son el producto de tus acciones en existencias pasadas. Tú eres la combinación de tus sankhâras. Adondequiera que estén impresos los sankhâras hacia allá emigrará tu yo. En tus sankhâras tú continuarás viviendo y segarás en existencias futuras las semillas que estás sembrando ahora y las de las siembras pasadas." [13]

Ningún elemento es llevado de una existencia a otra, sin embargo nadie alcanza una nueva existencia sin haber tenido su causa en una existencia previa. Cuando la vieja conciencia deja de existir, es la muerte. Cuando la conciencia retorna a la existencia, ocurre un nuevo nacimiento. Uno debería entender que la conciencia presente no nace de la vieja conciencia, pero su estado actual es el resultado de causas acumuladas en la existencia previa.

De una vida a la otra no existe transmisión, pero hay una aparente reflexión que es la solidaridad.

"El hombre que siembra no es el que cosecha; sin embargo, él no es un hombre diferente."

El contenido de la conciencia consiste de dharmas. Los dharmas son pensamientos. Estos pensamientos son tan reales como los cuatro elementos o como los órganos de los sentidos, porque desde el momento que una cosa es pensamiento, ya existe. El hombre es un complejo de combinaciones y a cada momento su naturaleza está definida por la cantidad y calidad de las partículas de las que él está compuesto. Cada cambio en su combinación hace de él un nuevo ser. Mas este cambio no excluye la continuidad porque el movimiento de los skandhas no ocurre de forma accidental ni tampoco está más allá de la ley. Atraídos hacia el eterno flujo y reflujo, los agregados cambian en una dirección y en otra, mientras que las condiciones de cada nueva combinación son definidas por una causa; y esta causa es la calidad de la causa precedente. Toda combinación sucesiva cosecha el fruto de las combinaciones anteriores y siembra la semilla que dará fruto en las futuras combinaciones.

El hombre es un complejo de combinaciones y al mismo tiempo él es el vínculo. Él es complejo porque a cada momento él contiene un gran número de skandhas; él es el vínculo porque entre las dos condiciones sucesivas hay al mismo tiempo la división y la solidaridad. "Si no hubiera diferencia o división, la leche no se volvería cuajada. Y si no hubiera solidaridad, no habría la necesidad para la leche el tener cuajada."

Expliquemos esto con un ejemplo más: Fisiológicamente el organismo humano cambia completamente cada siete años y no obstante, cuando el hombre "A" tiene cuarenta años de edad, él es absolutamente idéntico al que una vez tuvo dieciocho años de edad; sin embargo, a causa de la destrucción y reconstrucción constante de su cuerpo y cambios en su mente y su carácter, él es un ser diferente. El hombre de edad avanzada es la consecuencia precisa de los pensamientos y acciones de cada estado precedente de su vida. Asimismo, la nueva personalidad, que es la individualidad previa pero en forma cambiada, en una nueva combinación de skandhas — elementos, cosecha por derecho propio las consecuencias de los pensamientos y acciones de sus existencias anteriores.

La conciencia y sus contenidos eternamente cambiantes son uno. No existe un permanente 'yo" que quede inalterable por siempre. Es necesario que el embrión muera para que pueda nacer la criatura; la muerte del crío es necesaria para que pueda nacer el muchacho y luego la muerte del muchacho produce al joven. [5]

Es costumbre comparar la existencia humana con una gargantilla — cada cuenta es una de las manifestaciones físicas. Pero tal vez sea más claro concebir esta evolución como una mezcla compleja que, con cada nueva encarnación en el plano terrenal, se le añade un nuevo ingrediente, el que naturalmente cambia toda la mezcla.

Cada nueva manifestación está limitada por los elementos físicos, los rûpa-skandhas.

. . . . .

La energía esforzándose para crear un nuevo ser y que es dirigida por el Karma es llamada "trishnâ" — el estímulo, el deseo vehemente por existir.

Y este estímulo, cuando está impregnado con la esencia de la Enseñanza, se levanta ante nosotros no sólo como el más grande principio cósmico sino también como el misterio cósmico más hermoso. Y Gautama Buda, quien incesantemente señaló la corriente eternamente impetuosa de nuestras vidas, sostenía de esa manera lo cósmico y consecuentemente lo infinito de este estímulo al que, muchos de los que han citado incorrectamente la Enseñanza, han tratado de suprimir; mas el espíritu ardiente del Maestro sólo podía aniquilar pequeños conceptos a los que los ampliaba al Infinito. Y el Nirvana es el Portón que nos introduce en el ritmo del más elevado, ardiente, creativo y eternamente expandiéndose, raudal de la existencia Infinita.

La Enseñanza de Buda es una incansable llamada ardiente a la comprensión de la belleza y a la unidad de la gran creatividad de la Existencia infinita.

¿QUÉ ES EL KARMA? La acción de las consecuencias de aquello que es hecho por el hombre — en acción, en palabra y en pensamiento. El efecto interior, como se ha señalado previamente, se manifiesta a sí mismo sólo en los seres conscientes. De ahí la responsabilidad colosal del hombre ante todo lo que existe y, primero que todo, ante sí mismo. "Aquello a lo que Yo llamo Karma es sólo pensamiento; ya que el hombre, al tener pensamiento, actúa a través de su cuerpo, de su palabra y de su mente." [20] El Karma es creado por los pensamientos. "No hay mérito en aquel que entrega oro pensando que son piedras." La tendencia del pensamiento le da al hombre su valor moral, cambiada por acciones en una dirección u otra.

"Una buena acción es manifestada y terminada. Y a pesar que ya no pueda existir, sin embargo existe su consecuencia. En el momento de la acción surge una determinada combinación de dharmas en la 'corriente' de este hombre." En esto está contenida la indestructibilidad de la acción. En consecuencia, a la comprensión puramente mecánica de causa y efecto, el budismo le añade también la responsabilidad. Una de tales combinaciones, agregados, a la que nosotros llamamos individuo, es contaminada o ennoblecida por las acciones de la precedente combinación, con la que es solidaria. "Yo no enseño nada más que Karma." [21]

La persistencia con la que Buda se esforzaba, para inculcar en sus discípulos la comprensión de la responsabilidad moral como resultado de la ley del Karma, prueba que en este punto estaba contenido el hecho de la Verdad primordial, independiente y absoluta; Verdad que debe guiar todas las acciones del hombre. "El dudar del poder moral de una acción es cerrar los ojos ante lo evidente." Las acciones establecen la diferencia de las condiciones inferiores y superiores entre los seres.

Verdaderamente, de aquello que era se crea aquello que es. El hombre nace de acuerdo a lo que él ha creado. Todos los seres tienen un Karma como herencia." [4]

"No sólo que es exacta la correspondencia entre la semilla y la fruta, sino también la acción, como toda buena semilla, ésta se expande cien veces."

Todo hombre, por la acción del infalible Karma, recibe exactamente todo lo que le es debido, todo lo que merece, ni más ni menos. Ninguna acción benevolente o malévola, por más trivial o baladí que sea, por más en secreto que ésta se haya hecho, escapará de la meticulosamente simétrica balanza del Karma. El Karma es causalidad, actuando en el plano moral, así como en el plano físico y otros planos. Los budistas dicen que no hay milagros en las acciones humanas, lo que el hombre siembra eso cosechará. "No existe lugar en la Tierra o en el cielo o bajo el agua, tampoco existe un lugar en las profundidades de las montañas, donde las acciones malvadas no le lleven sufrimiento a quien las engendró.

"Si un hombre ofende a una persona inocente e inofensiva, el mal golpeará de vuelta a aquel tonto, como polvo arrojado en contra del viento.

"El mal que es cometido, como leche recién ordeñada,

no se cuaja enseguida. Seguirá al tonto cercanamente como chispa abrasadora que al final termina en quemante llama." [8]

. . . . .

Un necio, al saber que Buda observaba el principio del gran amor que encomienda retornar el bien por el mal, se le acercó para abusarlo. Buda se mantuvo en silencio, compadeciéndose de su insensatez.

Luego que el hombre hubo finalizado con el abuso, el Buda le preguntó, "Hijo, ¿si un hombre declina el obsequio dado a él, a quién pertenece éste?" Y el hombre respondió, "En ese caso pertenecería al hombre que lo ofreció."

"Mi hijo," dijo Buda, "Tú me has criticado de manera abusiva, mas yo he rehusado aceptar tu abuso y te pido que te quedes con él. ¿No será este abuso una fuente de miseria para ti? Así como el eco pertenece al sonido y la sombra al cuerpo que la produce, así la miseria alcanzará al malhechor sin ninguna duda.

"El malvado que reprocha al virtuoso es como aquel que escupe al cielo; el escupitajo no ensucia al cielo sino que regresa a manchar al que escupió.

El calumniador es como aquel que arroja tierra a otro cuando el viento está en contra; la tierra sólo regresa hacia aquel que la arrojó. El hombre que es virtuoso no puede ser lastimado y la desdicha que otro desea infligirle regresa a quien quiso causar el daño." [16]

La tolerancia de Buda — honra tu propia fe, mas nunca calumnies la de los otros.

. . . . .

De modo general, la gente retorna a la Tierra hasta que su conciencia supera el nivel terrenal. Buda señaló que existen sistemas completos de Mundos de diferentes niveles — los más elevados y los más bajos — y que los habitantes de cada Mundo se corresponden los unos a los otros en su desarrollo. El Mundo en el que el hombre debe manifestarse así como la calidad de la misma reencarnación están determinados por el predominio que éste tenga de cualidades positivas o negativas, en otras palabras, en lenguaje científico — el nacimiento será controlado por sus verdaderas atracciones, o por su Karma, de acuerdo con los budistas.

Como una fechoría, el remordimiento es una acción. Y esta acción tiene consecuencias, la que equilibrará la consecuencia con la fechoría. Buda dijo, "Si el hombre que cometió un crimen se da cuenta de su error, se arrepiente y crea el bien, el poder de éste escarmiento disminuirá gradualmente, como la fiebre que gradualmente pierde su efecto destructivo en proporción a la sudoración del paciente. [16]

Karma es pensamiento; en consecuencia, la calidad del pensamiento podría cambiar e incluso liberar completamente al hombre de los efectos del Karma. Si las acciones se acumularan unas encima de las otras, el hombre estaría encerrado por su Karma como en un círculo encantado. Mas, enseñando que existe un estado de conciencia que puede destruir la reacción de acciones cometidas, Buda señaló la posibilidad del cese del sufrimiento humano. La voluntad y la energía son los soberanos del Karma. De todo aquello que se ha dicho queda claro que la ley del Karma y la ley de la reencarnación son inseparables, ya que la una es consecuencia lógica de la otra.

ENTRE ALGUNOS ERUDITOS occidentales se acepta la opinión de considerar al budismo como la Enseñanza de la desesperanza y la inacción, la que no corresponde para nada a su carácter fundamental.

Buda, como el Líder verdadero del bienestar común, le reveló sin ningún temor a la humanidad los verdaderos peligros de la existencia y al mismo tiempo le mostró el camino para evitarlos — este sendero es conocimiento. ¿Quién podría llamar pesimista al hombre que te detuvo en el mismo borde del precipicio?

"Digamos que hay seres viviendo en una casa rodeada por llamas; no obstante ellos no sienten temor ni se muestran impresionados. Ellos no lo saben; ellos son frívolos; no están atemorizados; tampoco tratan de salvarse; buscan diversión y vagabundean en diferentes direcciones en este triple Mundo, semejante a la casa atrapada en las llamas." [22]

"Los tontos piensan que el sufrimiento yace sólo en las sensaciones de dolor. Verdaderamente, sus sensaciones están distorsionadas. Ellos son como el hombre enfermo que imagina que el azúcar es amargo. Una pelusa de lana asentándose en la mano es imperceptible, pero si entra en el ojo, causará agudo dolor. La palma es como el hombre ignorante, el ojo es como el sabio. Sólo el sabio es afectado profundamente por el espectáculo del sufrimiento del Mundo." [23]

Si luego de dichas declaraciones alguien llamara a Buda pesimista, éste sería como aquellos ignorantes que asesinan a los doctores que vienen a realizar inoculaciones curativas. Y la misma gente, inclinados a atribuir a la Enseñanza la nota de desesperanza, citan la afirmación de Buda, "Yo soy el destructor de la vejez y la muerte. Yo soy el mejor de los médicos. Yo poseo los medios más elevados.

"Beban, trabajadores, beban el remedio de la Verdad y compártanlo, vivan. Habiendo bebido el remedio ustedes conquistarán la vejez y la muerte." [24]

Aquí citamos la opinión autorizada del abad principal del monasterio Kamakura Soyen-Shaku, "El budismo es la más racional e intelectual de las Enseñanzas del Mundo." [25]

La Enseñanza de Buda, impregnada en su propia estructura con la afirmación de la autónoma y completa entidad humana en su extensión cósmica de esforzarse hacia los Mundo lejanos, está llena de una verdadera grandeza y de belleza.

Naturalmente, la siguiente pregunta será planteada - ¿cómo recordaba el Maestro a la belleza en sus manifestaciones terrenales? Se ha dicho que aún en su lecho de muerte los pensamientos del Maestro estaban dirigidos hacia la belleza, recordando la belleza de los mejores lugares que había visitado. "Râjagriha es hermosa, y así de hermosos eran el Pico del Buitre y el Acantilado del Ladrón; hermosas son las arboledas y las montañas." "Vaisâlî, ¡qué hermoso lugar!"

TODOS LAS ENSEÑANZAS filosóficas de la antigüedad afirmaban la ley del Karma y la ley de la liberación final, mas el valor de la Enseñanza de Buda estriba en el hecho que, sin infringir sobre la base de todas estas tesis filosóficas y científicas, ésta Enseñanza se vuelve a la Tierra, a la labor terrenal, señalando que únicamente por medio del trabajo real y extenuante, y del desarrollo de sí mismo, uno podrá alcanzar el verdadero progreso; así, Él afirmaba la evolución de la humanidad como una parte orgánica del Cosmos.

La palabra corriente, como movimiento de translación continuado, usada con mucha frecuencia por el Buda en su aplicación al Cosmos y a la existencia humana, no es nada más que el concepto expresado por nuestra palabra evolución.

"El contacto de la transformación cósmica con la energía psíquica da origen a la condición de una corriente exitosa." Así habló Buda.

Incluso mientras Enseñanzas previas podrían ser caracterizadas como distanciadas de la Tierra, el Buda aparece como el verdadero arador de nuestra Tierra, colocando los cimientos de la conciencia y de la verdadera labor. En su caso la formulación, "con manos y pies humanos," es aplicable. Y en esto está contenida la unicidad irrepetible del valor de la Enseñanza y la labor de Gautama Buda. No existe una súplica más hermosa hecha al Mundo que esta afirmación constantemente repetida: "Hermanos, Yo no vengo a ofrecerles ningún dogma y no les pido tampoco que crean en aquello que muchos otros creen. Yo sólo los exhorto a una iluminación independiente, a que usen su propia mente, que la desarrollen en lugar que se les embote y entorpezca. Yo les pido encarecidamente que no se parezcan a las bestias de presa o a las estúpidas ovejas. Les imploro a que sean hombres con una correcta perspectiva, hombres que se afanen incansablemente en búsqueda del verdadero conocimiento, el que prevalecerá sobre el sufrimiento."

Nosotros no estamos interesados en los últimos añadidos que le han hecho al budismo, lo que el futuro necesita son únicamente los fundamentos ordenados por el mismo Maestro. Y en estos fundamentos uno puede ver la Enseñanza, no sólo diseñada y puesta en práctica con una voluntad de hierro sino impresa con las pisadas de su extenso deambular.

Uno se asombra ante los argumentos con los que los investigadores superficiales han apoyado sus opiniones sobre la Enseñanza de Buda señalándola como una enseñanza de la desesperanza. ¡Esto es una falsedad! Ella, la Enseñanza, es una canción de la grandeza de la labor, una canción de la victoria de la humanidad, una canción de un júbilo austero.

La Enseñanza de Buda podría ser llamada el experimento de una comunidad en marcha.

No solo la comprensión budista, sino también la de todas las mentes imparciales y honestas, deben valorar la piedra de la labor de Buda.

. . . . .

Desde el mismo comienzo se hizo una diferencia entre el espíritu y la letra. El Maestro dijo, "El conocimiento no es la letra sino el espíritu."

La palabra de Buda es diferente de la letra. El Maestro comunica la Verdad al discípulo, pero el discípulo la poseerá sólo luego de una comprensión personal y profunda.

De acuerdo a las palabras de los eruditos budistas la premisa sobre la que se basa la Enseñanza responde a todas las exigencias de la razón, mas confundir la razón con la limitada mente del hombre ignorante sería extremadamente absurdo.

Hasta el día de hoy se conserva un número suficiente de leyendas budistas, más o menos auténticas, la que nos permite, al menos aproximadamente, conocer el carácter de los discursos del Maestro. De estas tradiciones sabemos que el Maestro nunca vaciló en contestar las preguntas hechas a Él. En las antiguas compilaciones de las palabras de Buda, por encima de todo, se evidencia una inusual concreción y concisión de expresiones. Los Sûtras no son nada más que aforismos o dichos concisos de Buda, que contienen los estatutos filosóficos y morales de la Enseñanza. Los aforismos de Buda mantuvieron la concisión de las tradiciones budistas, pero ya con comentarios adicionales.

Lo expresivo de la Enseñanza de Buda estaba contenido también en el poder de sus simples expresiones. Él nunca se expresó en verso. Verdaderamente, como un león, Él rugió sobre la pureza de la vida. Él nunca predicó, sino que sólo en ocasiones explicó, usando parábolas, para enfatizar el consejo dado.

Buda ordenó que sus discípulos debieran siempre explicar la Enseñanza en lenguaje coloquial y censuró severamente todo intento de codificar la Enseñanza en un lenguaje literario artificial. En las tradiciones budistas existen indicaciones sobre los viajes del Maestro más allá de los límites contemporáneos de la India, al Tíbet, a Khotan y Altai.

LAS TRADICIONES DEL BUDISMO — tener en sus comunidades grandes escuelas con cursos en filosofía, medicina, matemáticas, astronomía y otras materias — son el resultado directo de los Mandamientos del Maestro, quien señaló que "la ignorancia es una mancha que ensucia al hombre más que cualquier otra cosa."

Las escuelas budistas, así como los contenidos exactos de sus tesoros literarios, son poco conocidos para los extranjeros, pero cada nuevo punto de información sirve para ampliar la comprensión del mundo occidental acerca de la estructura interna del budismo. Sin lenguaje, sin conocimiento, sin fe, nadie podrá penetrar en aquellas fortalezas, de las que la comunidad, la Sangha, está tan cercana.

No olvidemos que la palabra lama significa maestro y no monje como se la entiende con frecuencia por ignorancia. Desde la antigüedad doctos lamas con mucha habilidad artística copiaban e imprimían libros de placas grabadas en total anonimato respecto de la autoría. Veneración por libros y bibliotecas es tradicional en el Tíbet. Entre los lamas eruditos existe la costumbre de encerrar en la biblioteca a aquel que fue derrotado en un debate intelectual.

La restauración del antiguo Vinaya, las Reglas de los preceptos morales y comunales del budismo, siempre ha permanecido y, especialmente ahora, como una tarea inmediata en las reuniones comunales budistas.

Un erudito ruso, en una conferencia dada por él en

Petrogrado, en una exhibición de objetos budistas, dijo, "Debemos decir que los fundamentos de la enseñanza filosófica budista, correctamente entendida y traducida en nuestro filosófico idioma, revela una afinidad extraordinaria precisamente con éste último, el logro más nuevo en el dominio de nuestra concepción científica del Mundo. 'Universo sin Dios,' 'psicología sin un alma invariable,' 'la eternidad de los elementos de materia y espíritu' lo que sólo es una manifestación de la ley de la causalidad; la herencia, un proceso vital en lugar de la existencia de las cosas; y en el dominio de la vida práctica, la negación de los derechos de la posesión personal, la negación de la limitación nacional, la hermandad universal de todos los pueblos, sin los derechos de la propiedad privada; finalmente, lo general, y para todos nosotros, la inevitable e indispensable fe que movemos y debemos mover hacia la perfección, a pesar del alma y del libre albedrío — estos son los rasgos fundamentales de Buda, así como de nuestra concepción contemporánea del Mundo." Precisamente la Enseñanza de Buda refuta la falacia existente que la evolución es estable y que sus leyes actúan independientemente. Nosotros sabemos que todo vive y se mueve individualmente, de tal manera que debe haber una coordinación y disciplina especial para que el equilibrio o la armonía no se arruinen. Decir que el hombre debe evolucionar a pesar de él mismo como parte de un plan general de evolución significaría que el hombre no es mejor que una pelota del destino.

Uno debe señalar con pesar que las últimas palabras

de este distinguido conferencista, "nosotros nos estamos moviendo y debemos movernos hacia la perfección, a pesar del libre albedrío," están en evidente contradicción con el principio fundamental de la Enseñanza, la cual, para que exista la posibilidad de perfección y logro de la existencia consciente más elevada, exige esfuerzos continuados y absolutamente personales.

CONSIDEREMOS EL BUDISMO y la ciencia contemporánea. Es evidente que los budistas son los más abiertos a todos los logros evolutivos. Por supuesto, esta cualidad estuvo instilada por el fundamento de su Enseñanza. Al familiarizarse con los fundamentos vemos como las grandes declaraciones del Maestro se confirman por los logros de la ciencia contemporánea. Los mismos resultados alcanzados por Einstein por medio de la experimentación fueron alcanzados por los antiguos budistas en una forma puramente contemplativa.

Decimos nuevamente, nosotros repetimos que el budismo no puede ser considerado como una revelación religiosa ya que Gautama Buda afirmó su Enseñanza como la comprensión de las verdades eternas las que fueron asimismo propuestas por sus predecesores.

Gautama enseñó que todo lo que existe emana del Âkâsa, o substancia primaria, en conformidad con la ley del movimiento inherente en ella y que se disuelve luego de un cierto período de existencia.

"Nada viene de la nada." Los budistas no creen en milagros; en consecuencia ellos niegan la Creación y no conciben la creación de algo de la nada. "Nada orgánico es eterno. Todo está en un estado de flujo continuo, sufriendo cambios y sustentando la continuidad de acuerdo a la ley de la evolución."

"El mundo existe por causas. Todas las cosas existen por causas."

Respecto al cambio constante del mundo, visible

a nuestros burdos órganos, así como su disolución, el budismo señala que aquellas disoluciones son temporales y periódicas; ya que, de acuerdo al principio de la evolución guiada por la ley del Karma individual y colectiva, la desaparición del mundo en su momento manifestará un nuevo mundo con todos sus contenidos, así como nuestro Universo fue manifestado por la substancia primaria — la materia.

Al negar los milagros, el Maestro señalaba los poderes ocultos de la naturaleza humana, la que, cuando se desarrolla puede producir los así llamados milagros.

El método para desarrollar estos poderes está explicado en los libros budistas y es conocido bajo el nombre científico de "Iddhi-Vidhânana," que señala dos formas de manifestación de estos poderes y dos maneras de obtenerlos. El uno, el inferior, es alcanzado mediante distintas austeridades y otras prácticas físicas; el otro, más elevado, abarca todas las manifestaciones posibles, es alcanzado por el poder del desarrollo interno.

El primer método de desarrollo de estos poderes no es duradero y se podría perder mientras que el desarrollo interno no se perderá nunca. Su maestría se logra siguiendo el noble sendero señalado por Buda.

Todos estos poderes ocultos se despliegan gradualmente en el hombre, usualmente por sí mismos, en proporción al dominio que éste vaya desarrollando de las expresiones inferiores de su naturaleza en toda una serie de vidas previas.

Para el desarrollo de los poderes de grados superiores son indispensable cuatro condiciones:

1. voluntad;
2. su ejercicio;
3. desarrollo mental;
4. discriminación entre verdad y error.

El hombre que posea estos poderes o conocimiento, incrementará sus poderes naturales y podrá llevar a cabo los milagros más inusuales; en otras palabras, él podrá ejecutar cualquier experimento científico. Buda no alentaba las manifestaciones de poder, las que conducen sólo a la confusión en mentes desconocedoras de los principios que están representados por aquellas manifestaciones y que crean una atmósfera pesada de elementos violentamente perturbados.

El Mahâparî-nirvâna Sûtra nos narra de una luz inusual que emanaba del cuerpo de Buda y del que fue testigo Ânanda, su discípulo más cercano. El Maestro señaló que esas radiaciones físicas se vuelven visibles al ojo físico en dos ocasiones:

1. Al momento de la Gran Iluminación de un hombre que se convierte en Buda;

2. En la noche cuando tal hombre - Buda — finalmente parte.

Al estudiar las fuentes budistas uno encuentra muchas indicaciones valiosas acerca de una manifestación de radiación puramente física. Se la señala como una cualidad de lo más sutil y luminosa que rodea al hombre, además que es el más cercano agente interior de la percepción humana. "Esta materia es extremadamente fina, como la brillantez de un diamante, imponderable, incombustible, que desaparece luego de la muerte sin dejar rastro. Sin embargo, es atómica."

Hoy en día esta radiación es conocida para los europeos bajo el nombre de aura. Esta radiación es muy normal y ha sido probado científicamente que no solamente la poseen los organismos humanos y animales sino incluso árboles, plantas y piedras.

El primero entre los eruditos y científicos en señalar esta característica fue el Barón de Reichenbach. Él probó que esta radiación es bastante natural y sus experimentos fueron expuestos es detalles en sus "Investigaciones de 1844-45."

De igual manera, en París, el Dr. Baraduc tomó fotografías de esta radiación y luego en Londres, en los Estados Unidos de América y en Berlín existen instituciones consagradas totalmente al estudio de las emanaciones humanas — auras. Se ha probado que esta radiación podría ser de diferentes matices, que se expande en volumen y crece en intensidad de luz, de acuerdo al desarrollo intelectual y espiritual del ser humano. También han sido notadas ciertas manifestaciones como destellos repentinos de rayos de colores que emanan desde los hombros. Pero la ciencia no ha encontrado ninguna explicación del origen de dichos destellos. Se ha mencionado la disminución de la luminosidad de estas emanaciones durante enfermedades del organismo.

Mar-Galittu (Sra. J.P. Reiman) en su libro, "El Aura

Magnética del Hombre Cósmico, escribe: "El profesor Yourevitch de Moscú señala los rayos-Y del aura humana, como un nuevo descubrimiento, altamente poderosos y de invisible radiación.

"Luego de una década de experimentos minuciosos, el Profesor Yourevitch llevó los resultados de sus investigaciones ante el Congreso Internacional de Psicología, que tuvo lugar el año anterior en Copenhague.

"La diferencia entre las emanaciones humanas y aquellas de los rayos de radio y los de Roentgen es aquella que las emanaciones humanas son mucho más sutiles y pueden penetrar densas paredes, mientras que los rayos de Roentgen y los de radio dependen de una densidad definida de los cuerpos a los que pueden penetrar. Las emanaciones, por ejemplo, transforman corrientes gaseosas, normalmente no conductoras, en asombrosas conductoras de fuerza magnética. Su conductividad de largo alcance es la cualidad básica principal de los rayos-Y. Sin respeto por distancia e intensidad, estas corrientes gaseosas se vuelven conductivas bajo la influencia de las emanaciones humanas. Su poder penetrante y de largo alcance está condicionado por el contacto cósmico de las emanaciones humanas y por lo que se les ha concedido un efecto más fuerte que los otros rayos.

"Más allá de su capacidad por una conductividad de largo alcance y poder de penetración, los rayos-Y tienen el poder, cuando horadan construcciones densas, de ejercer también funciones mecánicas.

Cuando horadan placas metálicas densas, los rayos-Y causan sedimentos moleculares tan pronto como los rayos pasan a través de una manera conscientemente concentrada. Durante ciertos experimentos ellos inducen una refracción de ondas-luminosas. Ellas también pueden ser fotografiadas. Los rayos-Y del aura están en la base de los fenómenos telekinéticos y de levitación. El trabajo del profesor Yourevitch llamado 'Los rayos-Y Como Conductores de la Energía Biofísica' contiene cincuenta fotografías de sus experimentos."

La teoría contemporánea de sugestión hipnótica podría ser encontrada en la siguiente leyenda acerca de Chullapanthaka en los comentarios Pâli en el Dhammapada:

"Chullapanthaka era un discípulo quien había dominado ciertos poderes. Un día Buda envió por él y cuando el mensajero llegó a la Sangha vio trescientos discípulos sentados en un grupo, cada uno exactamente igual al otro. Al preguntar, ¿quién de ustedes es Chullapanthaka?' los trescientos al unísono contestaron, 'Yo soy Chullapanthaka.' El mensajero retornó donde el Maestro desconcertado, mas el Buda le ordenó regresar inmediatamente y si ocurría lo mismo, tomar de la mano al primero que diga que es Chullapanthaka y traerlo." El Maestro sabía que el discípulo deseaba demostrar su recién adquirido poder sugiriendo a la conciencia del mensajero su ilusiva presencia. Este poder es llamado "Mahâmâyâ Iddhi" y para que se manifieste, Chullapanthaka tendría que representar en su mente vívidamente su propia figura y entonces sugerírsela hasta el número deseado a la conciencia del mensajero.

De la misma forma, información científica contemporánea apoya la teoría del karma expuesta en el budismo. La ciencia contemporánea enseña que cada generación de la humanidad hereda las características distintivas de las precedentes generaciones, no sólo respecto de la multitud sino en cada caso individual.

La psicología encuentra su raison d'être en aquella exclusiva y poderosa atención que el Buda le adjudicó al proceso mental, a la purificación y expansión de la conciencia de los discípulos al afirmar que el pensamiento es el factor dominante en la evolución de todo aquello que existe. El proceso psicológico en el budismo está cercanamente conectado con la fisiología.

El budismo no traza ninguna línea de demarcación entre los procesos psíquicos y la materia. Los procesos psíquicos están considerados como las manifestaciones de las cualidades más sutiles de la materia.

En los Diálogos de Buda, Parte II, encontramos un señalamiento que dice que además de la existencia del cuerpo físico existe un cuerpo mental que es su contraparte exacta y que puede ser exteriorizado a voluntad y que puede actuar a grandes distancias.

"Con su mente así concentrada, completamente purificada, absolutamente clara, falto de depravación, libre de manchas, lista a actuar, firme e imperturbable, él la aplica y la dirige evocando al cuerpo mental. Desde este cuerpo él llama a otro cuerpo, que tiene forma, hecho de material del pensamiento, que tiene extremidades y partes y al que no le faltan los órganos. Es como si un hombre fuera a sacar un carrizo de su envoltura. Él sabía: 'este es el carrizo, esta es la vaina. El carrizo es una cosa, la envoltura es otra. Es de la envoltura que el carrizo fue sacado.'" De esta manera, el bhikshu, de este cuerpo convocaba a otro cuerpo, el que mostraba forma, hecho de material del pensamiento, con todas las extremidades, con todas sus partes y al que no le faltaba ningún órgano.

Afirmando la indestructibilidad de la energía, el Buda consideraba a todo lo que existe como la suma total de las energías de la mejor calidad.

Para los físicos de hoy en día el poder del movimiento es materia, la percepción de la materia en el hombre es la respuesta de sus sentidos a las vibraciones de la energía.

¿Y qué es el Dharma sino energía?

Para nosotros, de acuerdo al budismo, los dharmas existen por sus efectos; todas nuestras percepciones son, por encima de todo, dharmas.

Por lo tanto, si trasladamos esta fórmula al lenguaje contemporáneo, podríamos decir que todos los sentidos-percepciones son exclusivamente efectos de la energía y la energía es la única entidad real que existe.

Igualmente, sus afirmaciones acerca del pensamiento actuando a distancia anteceden nuestras investigaciones en el campo de la transmisión del pensamiento y de todo lo inalámbrico. Si el pensamiento es energía, entonces, como tal, está sujeto a la misma ley en su accionar como cualquier otra energía. Nosotros sabemos que las ondas hertzianas se emiten al espacio por miles de kilómetros sin necesidad de cables, con el resultado que pueden ser recibidas por un receptor diseñado para sintonizarlas. ¿Por qué, entonces, el hombre no puede enviar un pensamiento-energía que evocará vibraciones idénticas en el hombre susceptible a ellas?

En consecuencia, Buda fue nuestro predecesor en muchos campos del conocimiento.

Buda también señaló la diferencia que existe entre lo evidente y la realidad. Su comparación de lo evidente con un espejismo o ilusión (Mâyâ) es aplicable a cualquier discusión contemporánea.

Esta Gran Sabiduría, si se la estudia no en la letra sino en su espíritu, enriquecerá a la mente desprejuiciada con muchas inapreciables gemas.

La filosofía del budismo podría ser calificada como el análisis de elementos separados atraídos en combinaciones para la formación de un flujo individual definido. El flujo individual es acumulado y alimentado por innumerables manifestaciones del hombre sobre la Tierra, en otros planos y en otros Mundos. Absorbiendo todas las características de cada manifestación, este flujo se hincha en posibilidades, transformándose y permaneciendo eternamente contenido en sí mismo. La verdadera individualidad, la verdadera inmortalidad, está contenida en la comprensión del verdadero "yo," el que está construido de innumerables combinaciones de manifestaciones humanas.

"Todas las preocupaciones acerca de la personalidad son en vano; el yo es como un espejismo, todas las tribulaciones que lo tocan cesarán de existir. Ellas se desvanecerán como desaparece la pesadilla cuando el que está dormido se despierta."

Para el budismo el hombre no es un pigmeo como aparece en la mente occidental, sino el Señor de todos los Mundos. Al ser parte del Cosmos, como éste, el hombre es ilimitado en sus posibilidades.

La información acerca de la creación cósmica, acerca de la existencia de innumerables existencias de Mundos en eterno movimiento, los que se manifiestan y disuelven; las afirmaciones de multitud de Mundos habitados y de la completa coordinación de los organismos que pueblan estos Mundos con las propiedades y estructura de su planeta, coincide con aquellos problemas científicos que al momento agitan las mentes de los verdaderos científicos.

En consecuencia, la ciencia contemporánea, en acuerdo con la afirmación del budismo primordial, confirma la misma esencia realista de esta Enseñanza sobre la realidad de la esencial vida-creativa de la Gran Materia, grabada por primera vez.

Rindamos el justo homenaje a aquella Gran Mente la cual, empujada por un Espíritu poderoso, sondeó los mismos fundamentos de la Existencia, resolvió los problemas de la vida y señaló las metas de la evolución como una cooperación consciente con el Cosmos y en comunión con los Mundos-distantes.

NO EXISTE ENSEÑANZA que haya previsto el futuro con tanta precisión como el budismo. Junto con la reverencia por Buda, el Budismo desarrolló la veneración por los Bodhisattvas — los futuros Budas. De acuerdo con la tradición, Gautama, antes de alcanzar el estado de Buda, fue un Bodhisattvas por muchos siglos. La palabra Bodhisattva comprende dos conceptos: Bodhi — iluminación o despertar y Sattva — la esencia. ¿Quiénes son estos Bodhisattvas? Los discípulos de los Budas, quienes voluntariamente han renunciado a sus liberaciones personales y, siguiendo el ejemplo de sus Maestros, han entrado en el largo, cansado y espinoso sendero de ayuda a la humanidad. Tales Bodhisattvas aparecen en la Tierra en medio de las diferentes condiciones de vida. El resto de la humanidad no puede reconocerlos de ninguna manera por su apariencia física, sin embargo ellos difieren completamente en su psicología, siendo constantemente los heraldos del principio del bienestar común.

Buda, al dirigir todas las posibilidades hacia la afirmación de la evolución, pidió a sus discípulos venerar a los Budas futuros más que a los del pasado. "Así como la luna nueva es adorada más que la luna llena, así aquellos que tienen fe en Mí deben venerar a los Bodhisattvas más que a los Budas." [26]

La historia no nos ha revelado en ninguna otra parte semejante ejemplo viviente de abnegación. De acuerdo a la tradición, el Bendito predeterminó al Bodhisattva Maitreya como su sucesor.

"Y el Bendito le dijo a Ânanda, 'Yo no soy el primer Buda que ha venido a la Tierra, tampoco seré el último. A su debido tiempo otro Buda llegará al Mundo, Uno Sagrado, uno supremamente Iluminado, dotado con sabiduría en su conducta, abarcador del Universo, un incomparable líder de hombres, soberano de devas y mortales. Él les revelará a ustedes las mismas eternas Verdades que Yo les he enseñado. Él establecerá su Ley, gloriosa en su origen, gloriosa en su clímax y gloriosa por su meta, por su espíritu y por su letra. Él proclamará la vida ética y justa, totalmente perfecta y pura, así como Yo la estoy proclamando ahora, Sus discípulos serán muchos miles así como los míos son muchos cientos.'

"Ânanda dijo, '¿Cómo lo conoceremos?'

"El Bendito dijo, '¡Él será conocido como Maitreya!'" [13]

El futuro Buda, Maitreya, como su nombre lo indica, es el Buda de la compasión y el amor. Este Bodhisattva, de acuerdo al poder de sus cualidades, se lo llama con frecuencia Ajita — El Invencible.

Es interesante notar que la reverencia por muchos Bodhisattvas fue aceptada y desarrollada sólo en la escuela Mahāyāna. Sin embargo, la reverencia del Bodhisattva Maitreya, como sucesor del mismo Buda, es aceptada también en la escuela Hînayāna. Así, el Bodhisattva, Maitreya, abarca todo el campo, siendo la personificación de todas las aspiraciones del budismo.

¿Qué cualidades debe poseer un Bodhisattva? En la Enseñanza de Gautama Buda y en la Enseñanza del Bodhisattva Maitreya, dada por Él a Asanga de acuerdo a la tradición en el siglo cuarto (Mahāyāna Sûtrālnakāra), antes se enfatizaba: el máximo desarrollo de la energía, el coraje, la paciencia, la constancia en el esfuerzo y la intrepidez. La energía está en la base de todo ya que únicamente ella contiene todas las posibilidades.

"Los Budas están eternamente en acción; la inmovilidad les es desconocida; como el eterno movimiento en el espacio, las acciones de los Hijos de los Conquistadores se manifiestan ellas mismas en los Mundos."

"Poderoso, valiente, firme en su andar, sin rechazar el peso de un logro por el Bienestar Común,"

"Existen tres gozos en los Bodhisattvas; el gozo de dar, el gozo de ayudar y el gozo de la percepción eterna. Paciencia siempre, en todo y en todas partes. Los Hijos de los Budas, los Hijos de los Conquistadores, los Bodhisattvas en su activa compasión son las Madres de Toda la Existencia."

A lo largo y ancho del mundo budista, las rocas a la vera de los caminos, con las imágenes de Maitreya, señalan el futuro que se acerca. Desde los tiempos más antiguos hasta ahora esta Imagen ha sido erigida por budistas que saben de la aproximación de la Nueva Era. En nuestros días, lamas venerables, acompañados por discípulos, pintores y escultores, viajan a través de los países budistas, erigiendo nuevas imágenes del símbolo de las aspiraciones hacia el radiante futuro.

. . . . .

La Enseñanza de Buda debe ser verificada y debería ser dada para ampliar el conocimiento. En nuestra época, es extraño pensar en comunidades y no saber de los fundamentos del primer Expositor-Científico de la comunidad. La mano de Buda fue incansable preparando el experimento en el laboratorio del Mundo. El hecho que el Buda decretara la Comunidad Mundial como evolución de la humanidad, es suficiente para darle a su Enseñanza una persuasión ardiente.

En la estructura de Buda uno podría moverse a través de historias sin fin y en todas partes las puertas se abrirán ante la llamada de la comunidad. El acertado conocimiento de Buda le permitió determinar la condición exacta de sus contemporáneos y percibir la comunidad universal sólo en el lejano futuro.

El respeto por el Buda fue tal que nadie se atrevió a obscurecer la Imagen del Maestro con el traje de la divinidad. Buda está impreso en las mentes como un Hombre, como un Maestro que afirma. En esta ardiente afirmación leonina Él logró la proyección de Maitreya — ¡el símbolo de la era de comprensión de la grandeza de la materia y la afirmación de la gran comunidad universal!

. . . . .

El Bendito dijo, "Distingue entre los que dicen que entienden de aquellos que asienten. Aquel que entiende la Enseñanza no se demorará en aplicarla en la vida, aquel que sólo ha asentido sin comprenderla asentirá con la cabeza y la ensalzará como una sabiduría asombrosa, mas no la aplicará en la vida.

"Existen muchos que la han aceptado sin comprenderla, pero ellos son como un bosque marchito, baldío y sin sombra. Sólo les espera la descomposición.

"Aquellos que la entienden son unos pocos, pero como la esponja ellos absorben el precioso conocimiento y están prestos a purificar los horrores del Mundo con el precioso líquido.

"Aquel que ha entendido no puede hacer otra cosa sino aplicar la Enseñanza, ya que al comprender la meta-idoneidad, él la acepta como una solución de vida.

"No desperdicies tu tiempo con aquellos que sólo asientan con la cabeza. Déjales que primero demuestren la aplicación de la primera llamada."

Así se le atribuye al Bendito la actitud respecto de la meta-idoneidad con los recién llegados.

. . . . .

Todo esto significa que la purificación de la Enseñanza descansará no solamente en la aceptación de sus fundamentos, sino en su aplicación en la vida. La comprensión abstracta de la Enseñanza del Bendito es imposible. Nosotros vemos lo grandemente que esta comprensión abstracta está penetrando en la vida cuando observamos a países enteros apartándose de la Enseñanza y que en lugar de aplicarla en la vida, ellos la vuelven motivo de discursos abstractos. En el Tíbet es aparente una disminución en el interés religioso. Uno incluso puede ver un incremento en las enseñanzas del Bön, la antítesis del Budismo.

El Tashi Lama encontró que su presencia en el Tíbet era imposible. Siguiendo su ejemplo muchos de los mejores lamas han abandonado el Tíbet. Sin estos educados lamas, la vida religiosa del Tíbet se ha adormecido.

Ejemplos como estos son útiles para observar como se ha efectuado la distorsión de la Enseñanza.

Al mismo tiempo uno puede ver la clase de victoria que la Enseñanza lleva a otros países donde la gente está preocupada con aplicar sus fundamentos en la vida.

El mismo trabajo es llevado a cabo por la nueva tendencia a tolerar a los seguidores del Hînayana.

Buda, como la fuente y Maitreya, como la esperanza universal, unirán a los austeros seguidores de la Enseñanza del Sur con la multiplicidad de formas del Norte.

Aquello que es esencial para el futuro inmediato se manifestará definitivamente a sí mismo. En lugar de hinchar la Enseñanza con comentarios, se restaurará nuevamente la belleza del valor de la convicción concisa. La nueva hora de la Era de Maitreya necesita convicción. La vida en su totalidad debe ser purificada por la llama del logro. El Gran Buda, quien pre ordenó a Maitreya, prescribió el sendero para toda la existencia. La manifestación de la nueva evolución está llamando a aquellas claras y sabias alianzas.

La demanda por la purificación de la Enseñanza no es accidental. Las fechas se están aproximando. La Imagen de Maitreya está lista para levantarse. Todos los Budas del pasado han combinado su sabia experiencia y la han transmitido al Bendito que está llegando.

. . . . .

El lama proclama, "Dejemos que la vida sea firme

como un diamante; victoriosa como el estandarte de Maestro; poderosa como el águila y podría durar por la eternidad."

BIBLIOGRAFÍA

1. *Anguttara-Nikâya*
2. Asvaghosha, *Fo-Sho-Hing-Tsan-King*, A Life of Budha, La versión china del Budacarita
3. *Buddhist Birth Stories, o Jâkarta Tales*
4. *Majjhima-Nikâya*
5. *Sikshâsamuccaya,* compilado por Santideva
6. *Sântideva*, Bodhicaryâvatâra
7. *Sutta-Nipâta*
8. *Dhammapada*
9. *Mahâvagga*
10. M.P. Grimblot, *Sept Suttas Pâlis*
11. The Jâtaka
12. *Milinda-Pañha*, The Questions of King Milinda
13. Paul Carus, The Gospel of Buddha
14. *Samyutta-Nikâya*
15. *Itivuttaka*
16. *Sûtra* of Forty-two Sections
17. The Udanâ
18. *Asvaghosha*, Buddhacarita
19 *Mahâparinirvâna Sûtra*, The Book of the Great Decease
20 *Kathâ-Vatthu*
21 *Mahâvastu*
22 *Saddarma-Pundarîkâ*, The Lotus of the Wonderful Law
23 *Mâdhyamakavritti*
24 *Lalitavistara*
25. Sermons of a Buddhist
26 *Mâdyamakâvatâra*

www.ingramcontent.com/pod-product-compliance
Lightning Source LLC
Chambersburg PA
CBHW071516040426
42444CB00008B/1673